图说中国节

TUSHUO ZHONGGUOJIE

●大乔 编著

中国社会科学出版社

图书在版编目(CIP)数据

图说中国节 / 大乔编著 . —北京：中国社会科学出版社，
2009.1（2025.3重印）
ISBN 978-7-5004-7381-7

Ⅰ. 图… Ⅱ. 大… Ⅲ. 节日–风俗习惯–中国–图集
Ⅳ. K892.1-64

中国版本图书馆 CIP 数据核字（2008）第 174251 号

出 版 人	赵剑英
责任编辑	宫京蕾
责任校对	韩天炜
责任印制	李寡寡

出 版	中国社会科学出版社
社 址	北京鼓楼西大街甲 158 号
邮 编	100720
网 址	http://www.csspw.cn
发 行 部	010-84083685
门 市 部	010-84029450
经 销	新华书店及其他书店

印刷装订	北京君升印刷有限公司
版 次	2009 年 1 月第 1 版
印 次	2025 年 3 月第 21 次印刷

开 本	710×1000 1/16
印 张	15
字 数	245 千字
定 价	45.00 元

目　錄

一　阳春歌娱欢

二　三夏劳作忙

三　秋来佳禾登

一　　阳春歌娱欢

立春日

立春是二十四节气之一，是一个与传统年节最为接近的节气——不只在于时间接近，更在于去旧迎新意念的接近。由于我国传统上是一个以农立国的农业国，且"一年之计在于春"，所以每当春天来临——立春的时候，礼俗活动就多了起来，节气之一的立春也就俨然成了一个节日。

立春日的节俗活动，概括起来主要有迎春、鞭春、咬春等，表现的主要是欢庆春天到来、劝励农耕、祈求一年丰稔的主题。

一　幡胜迎春

立春是春季的第一个节气，标志着春天的开始。因此在这个日子有迎春、庆春之举。

迎春是一种比较古老的节俗活动，早在先秦就已经存在。《礼记·月令·孟春之月》说："立春之日，天子亲帅三公九卿、诸侯大夫以迎春于东郊，还

春风得意。民间年画

迎　春

反，赏公卿大夫于朝，命相布德和令，行庆施惠，下及兆民，庆赐遂行，毋有不当。"这里的迎春是一种国家祀典，后来和鞭牛劝春结合在了一起，一直延续到晚近。

　　民间士庶的迎春，要简单却有趣得多。贴宜春帖、戴华胜、挂春幡，表达迎春庆春之意外，也在百花绽放之前就把春天装扮得烂漫多彩。

　　宜春帖也叫"春帖"、"宜春方字"。"宜春"，大意为春天是个很相宜的季节，是祝颂春天的语汇；宜春帖，就是写有这两个字的帖。南朝梁宗懔《荆楚岁时记》记载，晋代已有贴宜春帖之俗，只是未说明贴在何处。唐代孙思邈的《千金月令》，则明确指出是贴在门上："立春日，贴宜春字于门。"后来，这天所贴的帖子，不仅写"宜春"二字，也有"福"、"喜"等字。这种习俗现在在一些地区仍然存在，所写为"宜春"或"迎春接福"等字样。

　　《荆楚岁时记》所记载的贴宜春帖，是和"剪彩为燕以戴之"联系的。这里的彩燕，与人胜、华胜同类，是一种燕子形的妇女装饰品。所以用燕形，大概是与燕回春到的候鸟习性有关。当然也有不用燕形而用别的形状的，如蝶形、钱形。又因为是在立春日簪戴，所以也叫"春胜"。

　　还有一种剪成旗幡形状的立春装饰品，叫春幡。它有戴在头上的，也有挂在树上的。唐人段成式《酉阳杂俎》说："立春日，士大夫有剪纸为小幡，或悬于佳人之首，或缀于花下；又剪为春蝶、春钱、春胜以戏之。"在唐代，

西安春牛帖子

这些用品不仅流行于士大夫家，宫廷还以此赏赐宫娥、臣下。孙思邈《千金月令》就说："唐制，立春赐三宫彩胜，各有差。"宋代一仍其制。孟元老《东京梦华录》记载说："立春日，自郎官、御史、寺监、长贰以上皆赐春幡胜，以罗为之；宰执、亲王、近臣皆赐金银幡胜。入贺讫，戴归私第。"当然，春胜、春幡更多地还是存在于民间，而且不仅自己簪戴，还可以送人。《熙朝乐事》说："立春之仪……民间妇女各以春幡春胜镂金簇彩，为燕蝶之属，问遗亲属，缀之钗头。"而且不只妇女簪戴，男子也有戴的——苏轼立春日簪戴的幡胜多过了弟弟苏辙，侄儿们打趣他："伯伯老人也簪那么些幡胜么？"

二　鞭春劝农

立春的另外一种节俗是鞭春，这种节俗虽然也源自上古的迎春庆春，但中古以后则更多指向祈祝丰收——向春神乞求，向土牛祷祝。

先秦时代的迎春，并未涉及什么春神、春牛，典籍里只提到迎春于东郊。到汉代，开始有土牛耕人、青帝

句芒神

5

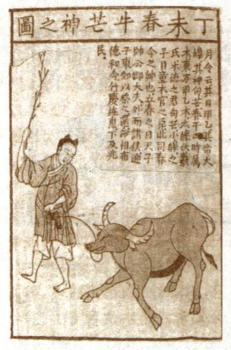

丁未春牛芒神之图

句芒的记载。《后汉书·祭祀志》说："立春之日，迎春人于东郊，祭青帝句芒，车旗服饰皆青，歌青阳八佾。"《礼仪志》也说："立春之日，夜漏未尽五刻，京师百官皆衣青衣，郡国县道官下至斗令史皆服青帻、立春幡，施土牛耕人于门外以示兆民。"仪俗中之所以"车骑服饰皆青"，是因为当时的观念中春属东方，东方为青色，春神之所以叫"青帝"，也正是这个原因。句芒神本为木神，因为树木盛于春天，他也被当成了春神；而在后来的鞭春牛之俗中，他又充当了那年执策（鞭）打牛的角色。

汉代的立春节俗中虽然有"施土牛耕人""以示兆民"催劝农耕，但还未提到鞭春。唐代以后，出现了"执杖鞭牛"之举，这也就是所谓鞭春、鞭春牛、打春牛。宋代及其后的鞭春之举由皇帝、官吏或句芒神进行，因其所

打春牛

6

在地及规模、时代而不一。此外，进春、馈赠小春牛、以春牛碎片馈赠或祝吉的习俗也已经形成、流行。孟元老《东京梦华录》记载北宋的鞭春习俗说：

> 立春前一日，开封府进春牛于禁中鞭春。开封、祥符两县，置春牛于府前。至日绝早，府僚打春，如方州仪。府前左右，百姓卖小春牛，往往花妆栏坐，上列百戏人物，春幡雪柳，各相献遗。

春牛图

春牛图。杨柳青年画

陈元靓《岁时广记》引《国朝会要》和《皇朝岁时杂记》也说：

> 《国朝会要》：令立春前五日，都邑并造土牛耕夫犁具于大门外之东，是日黎明，有司为坛以祭先农，官吏各具彩杖，环击牛者三，所以示劝耕之意。……

> 《皇朝岁时杂记》：立春，鞭牛讫，庶民杂沓如堵，顷刻间分裂都尽。又相攘夺，以致毁伤身体者，岁岁有之。得牛肉者，其家宜蚕，亦治病。

关于土牛的形制及颜色等，宋代曾由官方颁布了一部《土牛经》，宋邱光庭《兼明书》以及近世《长沙县志》等都有详尽记载，

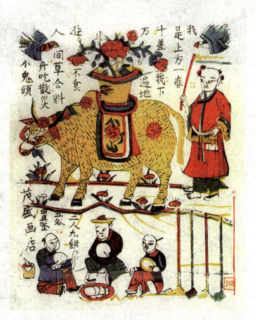

春牛图。山西绛县年画

并且鞭打部位还因立春日在年节前后而不同。《长沙县志》说："岁前立春，芒神执策当牛肩，元旦后立春，当牛腹，上元后立春，当牛膝，示农事早晚。"《岁时广记》引《删定月令》也说："若立春在十二月望前，策牛人近前，示农早也；月晦及正旦则中，示农平也；正月望则近后，示农晚民。"

不过，老百姓似乎不大注意什么部位，为了丰收，只管尽情地鞭打了去：

> 一打风调雨顺，二打地肥土暄，
> 三打三阳开泰，四打四季平安，
> 五打五谷丰登，六打六合同春。

三　咬春祈福

岁节活动多与饮食相关，立春也是如此，相关的饮食活动叫咬春。所谓咬春，就是吃某些生菜或春饼。这种习俗与贴宜春字一样，《荆楚岁时记》都曾予以记载，可见当时已有此俗。

咬春也叫"食春菜"，所食大多是生菜，诸如萝卜、青韭

春卷

8　咬春

菜、芹菜等。盛这些生菜的盘子，也叫"春盘"或"五辛盘"，所以咬春之举也"荐春盘"、"献辛盘"。总的来说，春盘中的生菜，最初比较简单，愈到后来就愈丰富。比如据周密《武林旧事》记载，南宋朝廷后苑制作的春盘，"翠缕红丝，金鸡玉燕，各极精巧，每盘值万钱"。

春菜最初是否整吃，不得而知，但后来却肯定是切成丝条食用了。杜甫《立春》诗中有"春日春盘细生菜"的句子，可见当时已经是切丝食用了。后来更有用面饼卷了菜丝食用的，叫春饼或春卷。在宋明时代，还有朝廷立春日赐百官春饼的。今天，春饼、春卷也还是人们的节令美食。

王弘力绘《馈春盘》

关于咬春的用意，有说是迎新的，如《齐人月令》说："凡立春日食生菜，不可过多，取迎新之意而已。"有说是排解春困的，如《燕京岁时记》说："立春日，妇女等多买萝卜而食之……谓可以去春困。"也有说可以免除疥疾、预防病患的。

春 节

在我国历史上，新年开始的第一天一直是叫"元旦"的。民国以来，我国

图说中国节

卖春联

实行公元纪年，元旦一词专用于公历新年，而传统的元旦则称春节。不过，两千多年的传统印痕毕竟难以遽然抹去，我们这里的叙述中，提到的更多是元旦；何况，在我国，还有一个与"春"之节令关系更为紧密的节日——立春。

一　元旦绎释

元旦的"元"，是"初"、"始"的意思，"旦"本来指太阳刚刚出来，这里可以解释为"日子"，元旦合称即是"初始的日子"，也就是一年的第一天。梁代萧子云诗云："四气新元旦，万寿初今朝。"

元旦还称作"三元"，唐徐坚《初学记》引隋杜台卿《玉烛宝典》说："正月为端月，其一日为元旦，……亦云三元"，三元的解释为"岁之元，时（季）之元，月之元"。当然，"三元"一语意义颇多，如岁时称谓中除指元旦外，还指正、七、十月十五上、中、下三元。

同样从年、季、月三个方面考虑，元旦还称为"三始"、"三朝"，《汉书·鲍宣传》："今日蚀于三始，诚可畏惧。"注释引用如淳的话说："正月一日，为岁之朝，月之朝，日之朝；始，犹朝也。"

此外，元旦还有端日、岁朝、

岁朝图

正日、正旦等别称。又有"新正"之称，既指元旦，如唐代僧皎然《送邬参之洪州觐兄弟》诗云："外别经离乱，新正忆弟兄"；也指正月，白居易《喜入新年自咏诗》云："白须如雪五朝臣，又入新正第七旬。"

从元旦的所有这些别称中，可以看出人们对元旦的认识。

二　鸡日贴画鸡

元旦的一些节俗是从除夕延续下来的，但更多的是有着独立寓意的新的习俗，诸如贴画鸡、饮椒酒、拜年等等。元旦也叫"鸡日"，这也可以说是古人对新正的一种朴素的认识。古人以阴阳观念来解释事物，认为鸡是阳物，元旦也属阳，有着同样的属性。基于这样的认识，鸡也便在元旦的礼俗活动中扮演了重要的角色。

鸡王镇宅

首先是用鸡辟邪，方法是杀鸡著门上或贴画鸡于门，《太平御览》引裴玄《新言》说："正朝县官杀羊悬其头于门，又矺鸡以副之，俗说以厌厉。"《风俗通》也说："以雄鸡着门上，以和阴阳。"宗懔《荆楚岁时记》还说："贴画鸡，或斫镂五采及土鸡于户上，悬苇索于其上，插桃符其傍，百鬼畏之。"元旦用鸡辟邪，显然是源自鸡的特性，如《花镜》所言："雄能角胜，目能辟邪。"

正像我国的许多信仰活动都经历了由消极禳解到积极祈祝的过程一样，元旦以鸡辟邪，后来也发展为以鸡祈福。清人周亮

清粉彩室上大吉纹盘

图说中国节

工《书影》说："正月一日，贴画鸡。今都门剪以插首，中州画以悬堂，中州贵人尤好画大鸡于石，元旦张之。盖北地类呼吉为鸡，俗云室上大吉也。"这里所谈鸡的吉祥意义，是由于"鸡"和"吉"的谐音而来的。此外，这种吉祥意义的产生也还在于鸡的德行。古人认为鸡有文、武、勇、仁、信五德（《韩诗外传》），《花镜》将它具体化说："五德：首顶冠，文也；足博距，武也；见敌能斗，勇也；遇食呼群，仁也；守夜有时，信也。"

三　椒酒颂新

元旦别称鸡日以及贴画鸡之俗，都有民俗信仰为其基础，其他的节物和节俗也是如此。这里主要谈谈元旦的独特饮食。

元旦的独特饮食，主要是饮品，诸如桃汤、柏酒、屠苏、椒酒等。它们有的意在驱辟不吉，更多的则是祈春祝颂。

屠苏是古代诗人多曾吟咏过的一种元旦饮品。相传屠苏是村外草庵之名，有人曾住在其中，每到除夕就送村里人一种药剂，让人们把它装在布囊里，浸入井水中，元旦取井水放在酒樽里饮用，说是这样就不会得瘟疫（《岁华纪丽》注）。这种屠苏酒，也写作酴酥、屠酥。

桃汤。这是一种用桃煮的汤。原本是借桃驱鬼辟邪的功能煮汤挥洒的，

饮屠苏酒

《汉书·王莽传》说："又感叹高庙神灵，遣虎贲武士高庙……桃汤赭鞭，鞭洒屋壁。"后来，用于挥洒的桃汤变成了饮料，在元旦时饮用，以辟邪祈福。宗懔《荆楚岁时记》说："正月一日……长幼悉正衣冠，以次拜贺，进椒柏酒，饮桃汤。"

柏酒。是一种用柏树叶浸制的酒。柏为长青之树，叶后凋而耐久，被古人取作长寿的象征；其中柏叶又可以服食，故有柏叶酒，其用意也是祝福长寿。《汉官仪》说："正旦饮柏叶酒上寿"；《荆楚岁时记》也记载有这种习俗。明李时珍《本草纲目》则又指出辟邪的作用："柏特后凋而耐久，禀坚凝之质及多寿之木，所以可入服食。道家以之点汤常饮，元旦日以浸酒避邪，皆取于此。"

椒酒。这是用椒籽浸制的酒。古俗元旦日子孙向家长进椒酒，意在祝吉祈寿。唐人徐坚《初学记》引汉代崔寔的《四民月令》说："正月之朔，是谓正日……子妇曾孙，各上椒酒于家长，称觞举寿，欣欣如也。"椒是一种香草，汉代宫廷取其温、香、多子特点，和泥涂抹宫室，后来则用于祈春祝颂。据说晋代刘臻的妻子陈氏曾在正月初一献《椒花颂》，因而后世通称新年祝词为"椒花颂"。

椒 花

此外，元旦还有献五辛盘之俗，这显然与立春的节俗联系起来了。

四　拜年贺节

饮食之外，元旦的节物当然还有许多。就节俗活动而言，最主要的无疑是拜年贺节了。这项节俗从古至今盛行不衰，蔚为大观。其中有些尚有实际意义，有的则纯粹是礼节性的，徒具虚文。就历史的发展来看，大抵早期的拜年贺节实际一些，细民百姓的实际一些，官场里的拜贺多是虚文俗套，且越到晚近越是虚妄。

从吴自牧《梦粱录》记载的宋代习俗看，那时拜年多还比较实在："（正

圖說中國節

新年团拜

月）士大夫皆交相贺，细民男女亦皆鲜衣，往来拜节。"而明代陆容《菽园杂记》记载的情形就不同了：

> 京师元旦后，上自朝官，下至庶人，往来交错道路者连日，谓之"拜年"。然士庶人各拜其亲友，多出实心，朝官往来，则多泛受不专。如东西长安街，朝官居住最多，至此者，不问识与不识，望门投刺，有不下马或不至其门令人送名帖者。遇黠仆应门，则皆却而不纳，或有闭门不纳者。在京师仕者，有每旦朝退，即纳伴而往，至入更酣醉而还。三四日后，始暇拜父母。不知此何风俗，亦不知始自何年，闻顺天间尚无如此之滥也。

有清一代仍然是虚文浮风炽盛。《燕京杂记》说：

> 正月初旬，拜年者踵门，疾呼接帖，投一名刺，匆匆驰去，多不晤主人。司阍者记其姓名于外，多有不识者。倘无司阍者，客到嫌于启门，贴一纸囊于门外，外写"请留尊柬"四字，拜者投刺于中即去。浮文无当，一至于此。

诚如陆容所说，"士庶各拜其亲友，多出实心"。旧时，百姓人家，小

14

拜年

孩儿刚睁开眼，就兴高采烈地向父母尊长拜年；无论大人小孩，在村街里相遇，老远就要高声道上一声："过年好！"之后，是给住处较近的亲朋拜年；破五以后，则是出远门拜年。一个正月里，要拜的都要拜到，不能亲往，也要捎了话、带了礼去。

如今，无论亲朋还是同事，甚至是不相识的人，不出正月十五，见面或通话，也总要相互拜年，道声"过年好"。这里面，饱含着对对方的衷心祝福，也饱含着对民族、祖国的祝福。

破 五

我国传统的年节，元旦之后，几乎每天都有相应的节俗，但又都是元旦的延续。到了初五，有了一些独立的节俗，如送穷、开市等等，这一天也就成了一个独特的节日。

正月初五，也叫"破五"。之所以叫破五，是因为此前几天的禁忌，到

送 穷

今天全都可以破除。而这里的所谓禁忌，有不倒垃圾，有不出远门，有不动碾磨碓臼，有不事女工针黹，甚至有不汲新水……但最核心的，是这几天不向外倾倒垃圾。但到了破五，一切禁忌皆可破除，不仅与日常生活密切相关的活动可以进行，商铺也开始营业了。

一　破五送穷

元旦期间的上述诸禁忌中，不倒垃圾最为突出。民俗认为，元旦至破五不倒垃圾，能够聚财，否则就倒了"福气"。然而，垃圾堆多了，毕竟影响卫生，所以到初五要倒出去，又有了讲究，叫"送穷"。

送穷有许多别称，诸如送五穷、赶五穷、送穷土、送穷灰、送穷媳妇出门。显然，"五"关系到日子，而"穷"则正是元旦以来积聚起来的垃圾。此时，人们通过倾倒垃圾来送穷，如此则一年与穷无干，当然也就富贵有余了。

送穷的方式颇多。简单的只是清早响着爆竹把垃圾倒出门外完事，复杂些的则要用纸剪一个小人（穷媳妇）送走，甚至还要让她背个装了垃圾的纸袋送在门外；更有破五饱食或汲水满瓮的，称"填穷"，或者把别人家的穷媳妇拿走，称"得富"。有地方志记载道：

> 正月初五日，俗谓之破五。各家用纸制造妇人，自背纸袋，装屋内秽土扫置袋内，送门外燃炮炸之，俗谓"送五穷"。（河北《张北县志》）
>
> 五日，晨起担水入瓮，谓之"填穷"。剪纸作五穷妇送之，谓之"送穷"。（安徽《寿阳县志》）
>
> 五日，剪彩纸为人，小儿拥抱戏通衢，曰"送穷"；有攫而去者，曰"得富"。（山西《大同府志》）

二　祭神开业

破五的另外一项节俗，是商铺祭财神之后开始营业。而俗传这一天又是财神的生日，祀神自然必要，选在这个时间开市也非常合适。

一般来说，商铺营业到年三十儿打烊后，就要歇业数天。旧时老北京的铺户这几天都要在门窗护板上挂起绘有《水泊梁山》、《陈州放粮》、《桃园三结义》、《三请诸葛》、《精忠报国》、《济公传》等连环画的窗帘，表示过年休息；只有油盐水粮店在门板上开个小洞，对外营业。而开市又有相关的仪规，且多与财神有关。

关于财神的生日，有说是正月初二的，有说是正月初五的。说在初五，怕与所谓"五路财神"有关。五路财

五路财神

沈万三接财神。民间年画

财神画

神的前身，也是财神的原型之一，为元末的何五路，后来也叫五显神、五通神。他本来只是一个，但后人因其"五"字而附会为五个。——财神爷自然是越多越好，东南西北中五路来财，岂不更好？因为是五路财神，生日当然不应该在初二，而应该在初五了。

财神在年节几天是十分要紧的，香火不绝。除夕夜五更时分接神，接灶神之外，更主要的是接财神。之后的几天都要祭财神，尤其是初四或初五。开业前祭财神有一种特别的仪俗，那就是掌柜的打算炒哪位的鱿鱼，就不让他拜神，以仪俗来处理辞工的问题。老北京的这项祭财神之举在初五，初六的祭财神则叫"送神"，实际是把张挂、供奉的神祃儿烧掉，以示开市。这种送神开市的仪式也是比较隆重的：送神之后，"鞭炮齐鸣，伙计们都猛劲地摇算盘，用秤杆

开市大吉。传统吉祥图案

敲打秤盘，屋里屋外响成一片，谓之'响响当当，大吉大利'。这时便有乞丐们来唱'喜歌'，掌柜的少不得要赏他们几个'喜钱'。在强烈的祝愿气氛中，店铺打开了护窗板，露出早已贴好的'开市大吉，万事亨通'的红对联，开始正式营业"（常人春《老北京的风俗》）。

人 日

人日指正月初七。旧时关于正月的几天，都被人们与常见的事物联系在了一起：一日鸡，二日犬，三日猪，四日羊，五日牛，六日马，七日人，八日谷。不过，诸多日子中，除元旦之外，最被看重的是人日，其他仅仅是以当日阴晴占某物是繁盛还是有灾而已。

人日也叫"人七（日）"、"人庆（日）"，唐代的时候还叫"人胜节"。按道家的解释来说，"天地先生鸡、次狗、次猪、次羊、次牛、次马、始生人"，以人为尊。人日的主要节俗活动也多体现了重视人的意念，明人杨慎的《艺苑雌黄》就说："古人七日贴人于帐，重人也。"

人日最主要的节俗是作人胜，或戴在鬓发，或贴在屏风床帐，或用来馈赠。在南北朝时期的梁代，这种风俗就比较风行了。《荆楚岁时记》说："正月七日为人日，以七种菜为羹。剪彩为人，或镂金薄为人，以贴屏风，亦戴之头鬓。又造华胜以相遗。"

胜本来是妇女的一种首饰，取意"优美"、"优胜"。传说中的西王母曾戴过这种首饰，《山海经·西山经》就说：西王母"蓬发戴胜"。

西王母

胜有许多种，如人胜、方胜、宝胜、花胜、春胜等，人日主要用人胜和花（华）胜。人胜一般剪刻成人的形象，妇女戴在鬓边或者用来送人。花胜一般以花鸟为题材，形状近似于现代的花结。

人日裁剪人胜、花胜插鬓或送人之俗在汉代就已见端倪，到南北朝时有了明确的文字记载，并有相应的解说："剪彩人者，人入新年，形容改从新也。"（《荆楚岁时记》）既然人日戴胜、馈胜之俗表示对人的重视，同时又有美化装饰的实用功能，它的流传自然是长久不衰了。至近代，这种习俗仍然流行，《江南志书》说："人日，妇女剪彩为人，或为燕雀相馈遗，以为鬓髻之饰。"历史上有关人日剪彩的诗词不少，都约略地谈到了这种习俗，李商隐《人日即事》诗以诗人惯常的情调写人写事，诗中"镂金作胜传荆俗，剪彩为人起晋风"一句，谈到了人胜的渊源。同是唐代的徐延寿有《人日剪彩》诗，专从妇女角度来写，颇具韵致：

闺妇持刀坐，自怜裁剪新。
叶催情缀色，花寄手成春。
贴燕留妆户，粘鸡待饷人。
擎来问夫婿，何处不如真？

十不动

春节期间，传统民间习俗里有许多忌讳，有些要到正月末二月初才能彻底解除。十不动就是一种禁忌习俗，它的日期是正月初十。而由于禁忌主要是使用石碾磨等石制用具，所以这一天也被称为"石头生日"。

实际上，正月初十的诸多节俗，都与谐音有关，如十、石、实、食，节俗活动都是如此。这一天除叫石头生日外，还叫石不动、石磨生日、石头神生日。又叫十日子，也叫实日子。此外还有食烙饼的习俗，不仅以十谐食，而且还以"烙"谐音"落"，形成落得钱财的彩头。

十不动的主要习俗，就是举凡石制工具都忌讳搬动。碌碡这个时节是用不到的，此外的碾、磨、碓臼都不能动，捶布石也忌讳动用。不仅如此，有的地方还有向这些石制用具设供烧香祭拜的。此外还要食烙馍，讨彩头。《中华全国风俗志》记载河南沁源的此种风俗说："初十日为石头生日，名曰十

石 碾

不动，家家向石头焚香致敬。午餐必食馍饼，谓之石落。……初十日食此烙馍，一年内遇何事，必十分落钱也。"有的地方也可以动石头，但那是用于占验预卜的。如山东一些地区，初九晚上把一只瓦罐冻结在一块平滑的大石头上，初十早晨，用绳子系罐耳，由十个姑娘轮流抬着瓦罐走，如果石头始终不落地，则预示当年丰收，落地则可能歉收。

正月初十诞辰的石头神，几乎是名不见经传，但一些方的民众还创造出一位女性的石头神，叫石婆婆。相传这一天石婆婆要睁眼，所以忌动针黹。

瑶族信仰的石头神

21

实际上，在民间所说的"大新正月"里，碾磨、针黹之类的几乎并不需要动用，所以多些禁忌也无妨。如果不得不动用，就证明当事人在忙年的时候没有把年根下、正月里的事情准备好，偷了懒；而这些禁忌，似乎也就成了对这类人的提醒和警戒。

老鼠嫁女日

　　在我国的民俗文化中，老鼠算得上一个重要角色，它不仅是十二生肖中首屈一指的一个，还搬演了一幕幕娶亲、嫁女的热闹景致，并且上了民间的年画，成了孩子们的游戏，而民众还专门给它们的嫁娶留出一个日子来。

　　实际上，老鼠嫁女的日子因地方的不同而多有差异，包括了正月里的数个日子：初一、初三、初十、十二、十六、二十四。不仅节期不统一，名称和节俗也显现出很大的反差。如名称：叫老鼠嫁女，也叫老鼠娶亲（文雅一些则叫"鼠纳妇"）；如节俗：有的要安静，有的要鼓噪。不过，指归却是一致的：一年中早早就如此这般地禳除鼠灾。在鼠，有嫁自然有娶，那是鼠们

老鼠嫁女。桃花坞年画

老鼠嫁女。吕梁地区中阳民俗剪纸

的事情；在人，则只是要把老鼠早些"嫁"走——嫁出去的老鼠泼出去的水，再也别回来！

人们在老鼠嫁女日的作为，一是不打搅，一是凑热闹，形成静噪不同的两种节俗。不打搅，就是在那个日子里不点灯、早睡觉，以免打扰老鼠的亲事。《中华全国风俗志》引《延绥镇志》说："十日名老鼠嫁女，是夜家人灭烛早寝，恐惊之也。"这说的是北方。南方也如此："（正月初一）遇雨，晚不燃灯而卧，曰'老鼠嫁女'。"（《光绪武进阳湖县志》）对于这种习俗，还有另外一种解释，就是这一天点灯会导致一年消耗。有地方志就说："（正月）二十四日，曰'鼠会亲'。是宵燃灯，一岁作耗，故禁火。"（《永平府志》）凑热闹，是要帮助老鼠准备喜糖，在晚间把糖果、糕饼、米花一类的东西放到暗处或老鼠出入的地方；还要敲打锅盖、簸箕等，为老鼠催妆。《中华全国风俗志》记载湖南宁远的这种风俗说："（正月）十七日，忌鼠。俗称是日为老鼠嫁女，忌开箱启柜。前一夕，孩提辈将糖果花生置暗处，并将锅盖簸箕等类，大敲大打，为老鼠催妆。"

为了禳解鼠害，民众更有老鼠嫁女日单纯的饲鼠之俗——给老鼠吃好。比如《张北县志》说："正月初十日，谓之'十至'。是日，为老鼠娶媳妇之日。各家蒸糕，或煮以米饭，撒于各处以为鼠食，焚香祷祝，免鼠搅扰。"《泌州志》则说："初十日，俗云'鼠娶妇'。用谷面作蒸食，名曰'十子团'，夜则置诸壁缝、土穴，以饲之。"这里的举动，几乎就是对老鼠的贿赂了。

老鼠嫁女（娶亲）之举由于其戏剧性和趣味性，还被民间艺术和游艺活动所吸收，成为它们的主题。在民间年画和剪纸中，老鼠嫁女是常见的题材之一。比如天津杨柳青年画，画中描绘一群穿红戴绿的老鼠，扛旗打

23

老鼠娶亲。传统木刻画

伞，敲铜锣吹唢呐，花轿抬着鼠新娘，鼠新郎则身着官服，胸戴红花，一派热闹的娶亲气象。然而，在这热闹之中，总是有一只大肥猫在旁边，或者竟是正在捉了老鼠吃。整个年画构思奇特，颇具戏剧性，又反映了人们除鼠去害的信念。

而在民间游戏中，人们则把老鼠直接嫁给了猫新郎。游戏由十多个孩子组成，其中一个男孩扮猫新郎，一个女孩扮鼠新娘，其他男孩扮轿夫和锣鼓唢呐手，女孩则扮伴娘。游戏时，两个男孩双臂交叉，双手互握，构成轿子，抬着新娘送给新郎，吹鼓手则在旁边用两手拢成喇叭状，边走边吹，同时大家一齐高唱民谣："老鼠嫁女，嫁到哪里？嫁到猫公肚里。"这游戏虽然不必在老鼠嫁女日来玩，但也与民间除鼠去害的信念不无关系。

元宵节

元旦之后，在噼噼啪啪的爆竹声中，随着熙来攘往的贺年步迈，又一个大节日来到，那就是元宵节。泛而言之，元宵节是整个年节的一部分，是整个个中国社会一年中最红火热闹的时节。

一 上元概说

元宵节，日期在正月十五，这一天也叫上元，因此这个节也叫上元节。元宵节的"元"当然是指上元，宵指晚上，就是说，这个节日与除夕、中秋节一样，也是一个以夜间活动为特色的节日。而夜间的节俗活动主要是放灯、观灯，所以这个节日也叫灯节、灯夕。

虽然说元宵节的正日子是正月十五，但节期可远不只十五一天。正月十五，只可以说是元宵节的正日子，节俗活动的延续时间前错后挪，要长得多。在唐代，在十五前后各展一天，为三天；到宋代，由三而五，又加上了十三和十八，十三叫试灯，十八叫收灯。据王咏的《燕翼贻谋录》记载，这是宋太祖赵匡胤的主意，这位皇帝

赵匡胤

老子在乾德五年（967）正月下诏："上元张灯止三夜，今朝廷无事，区宇乂安，方当年谷之丰登，宜纵士民之行乐。其令开封府更放十七、十八两夜灯。"此后，元宵灯期五日便成为惯例。到明代，元宵灯期又增加到了十天，自初八至十七，当时朝廷还要给官员们放十天假。不过，史上最牛的恐怕要算宋徽宗，他"预借元宵"，要从头年腊月初就开始张灯，一直要持续四十天。《宣和遗事》记载说："宣和五年（1123），（都城）从腊月初一日，直点灯到宣和六年正月十五夜……故谓之预借元宵。"不过，这种近乎胡闹的事情并不多，元宵灯期一般也就三到五天。

元宵作为灯节，节俗当然多与灯有关，比如开灯市售买花灯、街衢张灯挂彩，人们逛灯市、赏花灯、猜射灯谜，妇女乘月光灯影走桥摸钉，与夜有关的还有放焰火，还有昼夜都可以闹的舞龙舞狮、高跷旱船，当然还要吃元宵……

二　节俗原始

太乙神

关于元宵节俗的形成，说法颇多，但一般认为在汉代就粗具雏形。史载汉武帝的时候，汉室要在夜里祭祀一位叫"太一"的神明。《史记·乐书》说："汉家常以正月上辛祀太一甘泉，以昏夜祀，至明而终。"太一也叫"泰一"、"泰乙"、"太乙"，早在战国时期即被人所奉祀。据称，太一地位在五帝之上，并有恩于汉武帝。相传另一位汉代皇帝汉文帝也和元宵节有关，他是在大将周勃勘平"诸吕之乱"之后即位称帝的，而那勘平叛乱的日子正是正月十五，所以此后每逢正月十五夜晚汉文帝都要出宫游玩，与民同乐，并且确定这天为元宵节。

不过，和前两位汉室皇帝有关的正月十五夜祭太一、游玩，并无张灯、放火的记载。汉代的另一位皇帝——汉明帝则敕令元宵燃灯，从而形成了后世张灯、观灯的习俗。汉明帝敕令燃灯与佛教有关（下节详述）。《西域记》称古印度摩揭陀国正月十五日有观看佛舍利放光雨花之举，届时僧徒俗众云集，颇为可观。汉明帝为了弘扬佛法，便下令正月十五夜在宫廷和寺院"燃灯表佛"。

元宵节的形成，还关系到古代国家制度的一些调整。中国历史发展到汉代，已经远离了自由的、朝气蓬勃的先秦，社会管理趋于严格。当时的都市实行"宵禁"，专门有执金吾者站岗执勤。但宵禁不利于元宵玩乐，所以朝廷调整为金吾不禁。《汉书》说："执金吾掌禁夜行，唯正月十五敕许弛禁，谓之'放夜'。"汉代以后，战乱连年，民生凋敝，娱乐活动难以展开。至隋，国家又趋于统一，节俗活动也就盛行起来。而当此之时，却有人出于礼教和

元宵拜观音。吕梁地区中阳民俗剪纸

国力的考虑，上疏奏请禁止元宵活动，结果隋文帝"诏可其奏"（见《隋书·柳彧传》）。史载文帝在位期间，还有官吏因元宵夜禁不力而被罢官的，可见当时禁令之严。富有喜剧色彩的是，隋文帝禁元宵，他儿子隋炀帝则一改父制，大开元宵之禁，带头大肆铺张元宵的张灯、游玩活动，以至于后人称"今人元宵行乐，盖始盛于此"（《资治通鉴·隋纪》胡三省注）。

唐朝是自汉以后中国历史上又一个大一统的王朝，其国力之雄厚、社会之繁荣则更是空前绝后。唐都长安也和西周两汉一样，例行宵禁，但唯独元宵节期间特许弛禁放夜。《太平御览》引韦述《两京新记》说："惟正月十五日夜，敕金吾弛禁前后各一日以看灯。"

此后的宋元明清，元宵节一直是热热闹闹，花样翻新，新意叠出，一代盛过一代。今天，无论乡村还是都市，元宵节也仍然是一年里最为热闹的节日。

宋代宫中元宵图

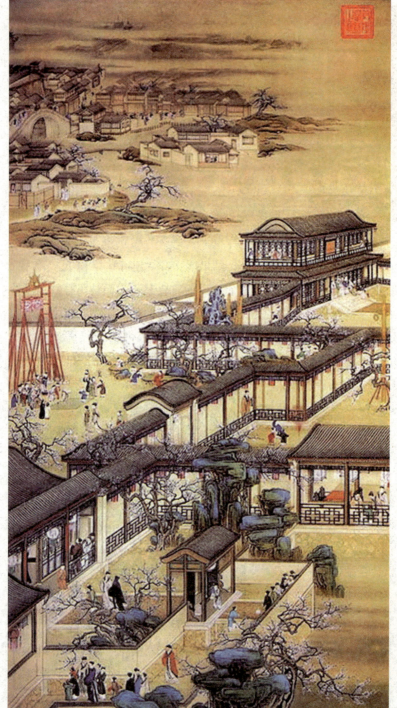

正月观灯。《雍正十二月令行乐图》之一

三　食元宵

谈元宵节不能不涉及吃元宵。食品的元宵和节日同名，显然是因借而来。元宵形如圆月，所以还有"圆宵"、"汤圆"、"水圆"、"汤团"、"团子"等别称。此外，元宵还叫元子、糖元、汤元等，这里的"元"大概是和上元之元联系着的。而关于元宵的名称，还有一则与袁大头有关的故事。据说民国年间，时任大总统的袁世凯觉得元宵和"袁消"同音，很不吉利，所以下令称"汤元"。然而，民意难违，袁某人只做了八十三天皇帝梦，该消还是消了。

元宵节食元宵，其来历有诸种说法。一种说法与后羿、嫦娥有关：嫦娥奔月之后，其夫后羿昼夜思念成疾，正月十四日夜，有一童子来求见，说是"夫人知君怀思，无从得降，明日乃月圆之候，君宜用米粉作丸，团团如月，置室西北方，叫夫人之名，三夕可降耳"。《嫏嬛记》所记的这则传说，即说明了元宵"团团如月"的形状，也隐约透露了食元宵求团圆的意念。另一种说法与唐太宗有关。相传大将李靖率部出征，归朝后春节已过，太宗为了犒赏出征将士，便在上元节设宴款待。宫廷厨师用糯米做成团子，吃起来又香又滑，颇受欢迎和

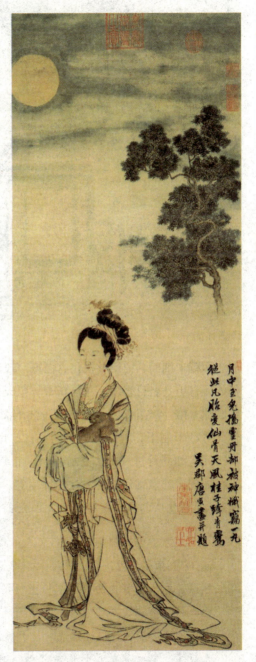

明代唐寅绘《嫦娥奔月图》

汤圆摊

称赞。于是，这种食品被称为"唐元"，象征唐王朝的一统江山。

现实生活中的食元宵也正是从唐代开始的。据载，唐代的元宵叫油䭔，以面包枣，用手挤丸子似的挤入汤锅中煮熟，捞出放在井水中浸凉，然后再放入油锅中煎炸。这其实就是今天的热元宵。宋代人除食油䭔外，还食圆子，有乳糖圆子、澄沙圆子、珍珠圆子、山药圆子等名目，这与今天的元宵已无二致了。南宋时，元宵已是上元节通行的节日食品。明代也是如此，《明宫史》记载说："其制法用糯米细面，内用核桃仁、白糖、玫瑰为馅，洒水滚成，如核桃大。"清代的元宵更是名目繁多，花样新奇。今天，元宵因所包馅料的不同，分出香、辣、甜、酸、咸五味，元宵皮除了江米面之外，还有黏高粱面、黄米面、荷包面等。形制上，有大如核桃的元宵，也有小似黄豆的百子元宵。

元宵如同月饼一样，家制者少，市卖者多。旧时的北京，市卖的元宵是当众摇的，糕点铺用这种方法招徕生意，边做边卖，形成了一道难得的民俗风景。《老北京的风俗》记旧京此俗云：

北京的元宵都是先做馅。（有山楂白糖、桂花白糖、枣泥、澄沙、奶油。）把糖化好后，掺上果料，等着凝固成坨后，切成骰子形的方块，一颗颗放在大笸箩内的干糯米粉上，摇晃笸箩使馅粒滚来滚去而蘸上糯米粉，捞起蘸水，再下笸箩摇滚，馅粒便一层层地裹上了厚厚的糯米粉，成了元宵。店伙计们边摇边跳，俨然是在舞蹈，逛灯人不免要驻足围观，人越多，摇元宵的伙计们越起劲，甚至有的还即兴唱起了小曲。

元宵节吃元宵，与中秋节吃月饼同一用意，取意在于阖家团圆、和睦，表示在新的一年里幸福康乐的心愿；而送亲朋元宵，则是借以表示百事顺遂圆满的祝愿。现在，元宵已经不是一种单纯的节日食品，而成为一种人们喜爱的日常食品了。

四　闹元宵

"正月十五闹元宵"，元宵节俗活动的最大特点是"闹"。所以说"闹"，是因为节日里有许多热热闹闹的社火百戏，人们也参与、沉浸在这热闹之中，如醉如痴。

一般来说，初十刚过，十一二三的时候，百戏社火便搬演开来，走街串巷，穿村越寨，直闹到十六七。不仅闹的时间长，闹的名目也多，明人刘侗、于奕正在《帝京景物略》中指出有鼓吹、杂耍、弦索："鼓吹则橘阳律、撼东山、海青、十番，杂耍则队伍、细舞、筒子、斤斗、蹬灯、踢梯，弦索则套数、小曲、数落、打碟子。"到清代，这类杂戏更多，潘荣陛《帝京岁时纪胜》记云：

> 元宵杂戏，剪彩为灯，悬挂则走马盘香，莲花荷叶，龙凤鳌鱼，花篮盆景；手举则伞扇幡幢，关刀月斧，象生人物，击鼓摇铃。迎风而转者，太极镜光，飞轮八卦；击拽而行者，狮象羚羊，骡车轿辇。前推斡旋为橄榄，就地滚荡为绣球。博戏则竹马，扑蝴蝶，跳白索，藏曚儿，舞龙灯，打花棍，翻筋斗，竖

舞狮子

百子闹元宵。安徽黟县木雕

踢毽子

蜻蜓；闲常之戏则脱泥钱，蹴石球，鞭陀罗，放空钟，弹拐子，滚核桃，打岔岔，踢毽子。

以上所引《帝京景物略》、《帝京岁时纪胜》所载，大多是杂戏，也就是现代所谓杂技，仅是元宵之闹的一部分。此外就是社火，这是规模和影响更大的，诸如踩高跷、跑旱船、耍狮子、舞龙灯、扭秧歌、打腰鼓……一位民俗者学曾经记道：

一队社火过来，除了声震四野的锣鼓声以外，踩高跷的装扮出《八仙过海》、《西天取经》、《白蛇传》等故事来，八仙、唐僧师徒、许宣白蛇小青以及虾兵蟹将俨然其中，孙猴子自然是跑前跑后、吆五喝六的，更有一个耳戴红辣椒、手拿笤帚的老太婆扮演丑角，一忽儿逗端庄的白蛇，一忽儿逗古板的唐僧，洋相出尽，引人发噱；跑旱船的自然是年轻闺女媳妇，手提船帮摇风摆浪，摇橹板船的则毫不费劲，同时又要显出

高跷会。民间年画

元宵节宫廷娱乐图

上波峰下浪谷的情形来，让船里的年轻女子前仰后合、乐呵呵美滋滋地担惊受怕；也有推车子的，情形与跑旱船相近，车上女、推车男造出一番故事来，乃至丑老推美妇，追求戏剧效果。在这之后，或许还有骑驴

33

跑旱船皮影

的、背妻的，前者自然又是妇女，人从驴身子中间穿过，把那驴扎在身上，下边的拖地帷幔把驴腿（其实根本没有）人腿都遮起来，仿佛真是驴子在奋扬四蹄，赶驴的又必定调皮，让那驴一忽儿跑、一忽儿停、一忽儿踢；后者或是哑老背妻，或是老夫背少妻，其实只是一个人——上半截装成妇女，而男人的上身和女人的下身都是假的，那男人的脖子下有一机关，可以不时地转过来与女人亲吻……

　　至于耍狮子、舞龙灯、扭秧歌、打腰鼓，在当今的现实中并不鲜见，那情形自然可以想见。就这样，我们热热闹闹地过了元宵节。

舞龙灯。传统年画

五 元宵俗信

元宵节习俗尽管最初与祭祀等信仰活动有关，但后来的主要性质是游玩娱乐。不过，在这个节日子里，也有一些信仰习俗留存到近、现代，那就是走桥、摸钉等。

走桥一般在正月十六进行，所以这一天也叫"游百病日"。走桥习俗有许多别称，着眼于除病、去病，称"走百病"、"除百病"、"散百病"、"烤百病"等，而其中的走、散、烤、游以及桥等则显示了方式方法的不同。就方式方法而言，游、走、散基本是一致的，参与者是妇女，并且需是"联袂出游"。明清两代的妇女们是罩白绫衫，成群结队，肩并肩、手挽手地出游，打头的一人举香开道，其他人尾随其后。烤则不同，它和火联系，也叫跳火。十六日夜晚，拢一堆小火，孩子先跳，大人随后，不能行走奔跑的幼儿也要象征性地烤一下。有些地区的游走还规定了地点，即需过桥（如北京）或走城墙（如南京）。北京的走桥，不过是"凡有桥处，三五相率以过，谓之度厄"（《帝京岁时纪胜》）。江苏的走桥则另有关目："十六日落灯，夜静妇女出游，携瓦罐，抛弃于桥梁之畔，以禳灾云。"（《中华全国风俗志·江苏六合》）不论北京走桥还是六合走桥，参加者都是妇女，而南

走百病

京转城墙则士女都参加："十六日，士女均上城头，人多如蚁。"（《中华全国风俗志·江苏南京》）不过，无论游、走、散、烤，还是郊外、桥上、城头，这种习俗的目的是一致的，那就是驱除百病，保佑健康长寿。《大同府志》说："俗传是日出门，一年可免百病"；《北京岁华记》则说："正月十六夜，妇女群出门走桥，不过桥者，云不得长寿。"

走桥之外，旧日北京还有摸钉的习俗，也是妇女参加，两者其实是相关的。所摸的是正阳门的大门钉，俗说如此"识宜男"，就是有利于生男孩。冯溥《元夜春词》同时写到了北京的这两种风俗，其词云："一望平沙万里遥，月明何处尚吹箫？旁人争说前门好，姐妹牵衣过小桥。"

元宵节的占验习俗，有俗谚"八月十五云遮月，来朝元宵雪打灯"，是说头年中秋节夜里是阴天，来年元宵节必定下雪。灵验与否，有心人不妨留意。

灯　节

正月十五元宵节最突出的节物是灯，在节日前后的几天里，整个中国大地都市、村镇就成了灯的海洋。人们流连于灯光月影间，观赏花灯，享受快乐，少男少女们或者还搬演着美丽动人的爱情故事。一年之中，没有哪一天的夜晚比得上元宵节夜晚这般红火，这般逍遥，这般浪漫的了。

一　灯节由来

关于元宵张灯的习俗，一般认为始于汉明帝的"燃灯表佛"。据载，佛教从印度传入中国，是在汉明帝永平年间。相传汉明帝某天夜里梦见一个金人，身长丈六，飞绕白光，项佩白光。第二天，明帝询问大臣，有人说陛下所梦有些像西方的佛。于是明帝派蔡愔、秦景等十几个出使天竺，拜取佛法。后来这些人在路上恰遇传法的天竺高僧摄摩腾、竺法兰。永平十年（67），汉使与梵僧用白马驮佛经、佛像，回到洛阳。这一年，也就被后人视为佛教初入中土之时。翌年，明帝又敕建洛阳白马寺，这寺也就被后人视为中土佛教

白马寺

的祖庭。笃信佛教的汉明帝听说古印度摩揭陀国正月十五有观看佛舍利放光雨花之举，便下令正月十五夜在宫廷和寺院燃灯，以弘扬佛法。

汉明帝"燃灯表佛"，就如同重阳节的"桓景避灾"一样，对节俗给出了圆满的答案，但却并不十分确凿。同在汉代，汉武帝时祀太一在夜间，势必燃灯；汉文帝在上元夜出宫游玩，又势必要在室外燃灯。而据正史记载，汉武帝时金吾弛禁，"放夜"让老百姓娱乐，燃灯恐怕是免不了的；而让朝廷解除宵禁，可见游玩的人不少，因而燃的灯也少不了。这些，不能说与上元燃灯无关。

二 花灯与灯市

花灯是灯节最突出的景观，也最能概括这个节日的活动，而其余的灯市、观灯游赏以及社火百戏等节俗活动，都是直接或间接由此发展引申出来的。

上元花灯经过近两千多年的传承，展现了一个从独立到组合、从静止到活动、从单纯到装饰的过程。最初的灯是单纯、静止的，它不能运动，也较少装饰，并且多是单个独立的。其后的发展变化过程中，装饰最先迈出步伐，灯的里里外外都被加以雕琢、修饰。首先是灯的形状变得五花八门起来，各

37

金猪拱财

明代锦缎上的灯笼纹

金猪拱财。泉州花灯

种几何形状如圆、短、方、角等出现了，仿生的如龙、马、黄瓜、柿子以及人物等也出现了；同时是灯的装饰性加强，除灯框多加雕饰外，灯笼上又有了彩绘，所绘内容或吉庆图案，或花草动物，或小说戏曲故事。

灯自身的装饰性加强的同时，相互的组合也实现了，唐有灯树，宋有鳌山。所谓灯树，也就是一种形状如树的灯架。相传灯树始见于唐玄宗时的宫廷。《开元天宝遗事·百丈灯树》说："韩国夫人，置百枝灯树，高八十尺，竖之高山上，元夜点之，百里皆光，光明夺月色也。"唐玄宗时不仅置有灯树，还结有灯楼。据韩鄂《岁华纪丽》及《灯影记》等书记载，当时的能工巧匠毛顺曾在宫廷用缯彩结为灯楼，广达二十间，高达一百五十尺，灯楼上悬挂着珠玉、金银穗，灯上又绘有龙凤虎豹，极尽绮丽和韵致。唐代的灯树、灯楼不过一树、一楼，至宋，更有兼具山林形胜的鳌山（也叫灯山）出现。孟元老《东京梦华录》说：

"正月十五日元宵，大内前，自岁前冬至后，开封府绞缚山棚，立木正对宣德楼……灯山上彩，金碧相射，锦绣交辉。"这灯山上绘的是神仙故事，更有结彩而成文殊菩萨跨狮子、普贤菩萨骑白象等造型，并且菩萨们的手臂还能活动自如，手指又能出水。组合型的元宵花灯自唐宋大盛以后，受到各代朝野士庶的青睐，人们匠心独运、心裁别出，更加宏伟壮观、精致巧妙的此类花灯不断涌现。今天，这种组合式花灯更是重大灯会所必不可少的。

上元花灯在组合的过程中，也开发了"活动"的渠道。宋代灯山

仿古走马灯

京师放灯

上菩萨的手臂已经是活动的了，后来利用机械手段制作的活动花灯越来越多，极尽其妙。更为绝妙的是所谓"走马灯"，它的动力不是机械能，而是热能——在一个纸轮上粘贴纸剪的人马形象，灯点着时，火焰驱动纸轮下的木杆转动，人马也随之而转，往来不停，所以叫走马灯。《燕京岁时记》谈到其原理说："走马灯者，剪纸为轮，以烛嘘之，则车驰马骤，团团不休，烛灭则顿止矣！"这种灯在唐代已经存在，叫"影灯"。后世的走马灯并不专以人马为题材，此外的戏剧人物等也是其内容。在机械化、电器化的今天，花灯的活动已经不再是难事，举凡自然界及社会所有的能够运动的东西，花灯都可以模拟，并且因为用电灯，明灭闪烁也成为运动的一种形式，为花灯增色不少。

古来上元花灯的种类、名目多极，真可谓数不胜数。这里引明代《金瓶梅词话》第十五回"佳人笑赏玩月楼"写吴月娘、李瓶儿、潘金莲游灯市所见花灯，以见其概：

山石穿双龙戏水，云霞映独鹤朝天。金莲灯、玉楼灯，见一片珠玑；荷花灯、芙蓉灯，散千围锦绣。绣球灯，皎皎洁洁；雪花灯，拂拂纷纷。秀才灯，揖让进止，存孔孟之遗风；媳妇灯，容德温柔，效孟姜之节操。和尚灯，月明与柳翠相连；通判灯，钟馗共小妹并坐；师婆灯，挥羽扇，假降邪神；刘海灯，背金蟾，戏吞至宝。骆驼灯、青狮灯，驮无价之奇珍，咆哮吼吼；猿猴灯、白象灯，进连城之秘宝，玩玩耍耍。七手八脚

正月十五宫廷观灯

清代灯市

螃蟹灯，倒戏清波；巨口大髯鲇鱼灯，平吞绿藻。银娥斗彩，雪柳争辉……转灯儿一来一往，吊灯儿或仰或垂。琉璃瓶映美女奇花，云母障并瀛洲阆苑。……

上元张灯之盛、花灯之多，必然要形成贩卖花灯的灯市。宋代都市业已形成这种灯市。周密《乾淳岁时记》说：在都城，从年前孟冬开始，"天街茶肆渐已罗列灯球等求售，谓之灯市。自此以后，每夕皆然"。宋以后的灯市自然是格外发达，史志多有记载。

张灯之外，使元宵不夜天更为增色的是烟花。烟花不像灯火可以长明，而只是一霎闪烁，但这短暂的闪烁比灯光却要耀眼、绚丽得多；况且烟花的发展也和花灯一样，由简单而到复杂组合，可以构思设计得宏大、持久；此外，烟火的动感远较花灯为胜，可以急如流星，可以烂若花开，且有声有色，颇能激动人心，撼人魂魄。

烟花与爆竹是一个家族的，但后者较前者的出现要早一些。据宋高承《事物纪原》说，火药的杂戏始于隋炀帝，后世逐步完善，达到今天这种声色俱佳的境界。爆竹只有声响，无多可观；花灯只有色彩，没有声响；烟花则综合二者，既可观，又可听，并且有像爆竹一样迅捷或像某些花灯一样舒

41

放烟花。《明宪宗行乐图》之一

缓的动感。简单的烟花也只有可动可观却无声响的，正与爆竹相对。清代京城孩子们玩的"滴滴金儿"不爆不响，只喷花，就是如此。复杂的烟花则好像现代的实战模拟，可以构拟一曲"炮打襄阳城"的活剧。烟花的名目也像花灯、火炮一样，复杂多样、五花八门。明沈榜《宛署杂记》记述当时的烟火情状说：

> 元宵游灯市……放烟火，用生铁粉杂硝、磺、灰等为玩具，其名不一。有声者，曰响炮；高起者，曰起头；起火中带炮连声者，曰三级浪；不响不起，旋绕地上者，曰地老鼠。筑打多有虚实，分量有多寡，因而有花草人物等形者，曰花儿。名几百种。其别以泥函者，曰砂锅儿；以纸函者，曰花筒；以筐函者，曰花盆。总之曰烟火云。勋戚家有集百巧为一架。分四门次第传爇通宵不尽，一赏而数百金者。

三　打灯谜

张灯观赏、施放花炮烟火是灯节最主要的娱乐活动，与灯相关的另一项娱乐活动是比较后起的打灯谜。据传，汉代大将李广曾有射虎故事，而灯谜又如虎一样难"射"，所以也叫"灯虎"。谜语实际上是一种隐语，古时候也叫"庾词"。到宋代，谜语和元宵灯赏张灯活动结合出现灯谜。据王文濡撰《春谜大观序》说："旧籍相传，宋仁宗时……上元佳节，金吾放夜，文人学士相与装点风雅，歌颂升平，拈诗成谜，悬灯以招猜者。"《东京梦华录》及

《武林旧事》也都谈到了宋代的这种习俗。

所谓灯谜，就是将谜语贴在灯上，供人游赏时的猜度，中者扯下纸条，领取谜赠。由于灯谜有一定的文化蕴涵，又颇能撩人兴致、启发智力，后世便长足发展，成为元宵的重要节俗活动，尤其盛行于文人雅士、大家闺阁之中。刘延玑《在园杂志》记述清代康熙时的这种习俗说：

打灯谜。河北武强灯画

灯谜本游戏小道，不过适兴而成。京师、淮、扬于上元灯篷，用纸条预先写成，悬一纸糊上棚，上粘各种，每格必备，名曰"灯社"。聚观多人，名曰"打灯虎"。凡难猜之格，其条下亦书打得诸赠某物，如笔墨、息香、白扇之类。

这里的谜语是挂在长棚上的，而能组织为灯社，足见规模之盛大。江南苏州一

清代周慕桥绘《谜语同参》

带还称灯谜为"弹壁",顾禄《清嘉录》记述其情说:

> 好事者,巧作隐语,粘诸灯,灯一面复壁,三百贴题,任人商揣,谓之打灯谜。谜头,皆经传、诗文、诸子百家、传奇小说,及谚语、什物、羽鳞、虫介、花草、蔬药,随意出之。中者,以隐麋、陟厘、不律、端溪、巾扇、香囊、果品、食物为赠,谓这谜赠。

所谓谜赠,按《在园杂志》的说法,只是难猜的才有;就是有,一般也是文房四宝、巾扇香囊一类雅致的物什。有时候,机巧的人们,还设置谜中之谜,标出的奖品是"苹果三千",给的却是一颗苹果上插三根牙签,以资笑乐。文人雅士的谜自然儒雅一些,买卖商号为招徕顾客制作的灯谜则要"下里巴人"一些,比如"八戒洗澡"打"猪下水"。此外,灯谜这种雅致的娱乐形式还颇受阁闺女子们的青睐。《红楼梦》多次写到贾府的姑娘媳妇们猜谜,以至于宫里当妃子的元春还在元宵特地差人送个灯谜来让众人猜。

四 旖旎元夕

如前所述,我国古代的大都市长年宵禁,谁都无法暮夜闲逛逍遥,闺中女儿白日里都足不出户,更不用说夜间外出了。唯有上元节期间,金吾不夜禁,任人游玩,也包括闺中女儿。这样的日子实在是太难得了,于是少女们

如同出笼的小鸟，振翅飞出，欢喜中不免几分懵懂冲动，灯节的夜晚也便更加风光旖旎。

旖旎在二八少女的俏打扮。平日里蟄居闺中，为谁打扮为谁妆？今日里鸟儿出笼，精心妆扮显俏容。宋代词人史浩写到了这种旖旎："一箭和风，秾熏许多春意。闹蛾儿，满城都是。向深闺，争剪碎，吴绫蜀绮。点妆成，分明是，粉须香翅。玉容似花，全胜故园桃李。最相宜，鬓云秋水。"

元夜赏灯

旖旎在出笼女子的纯情表露。闺中少女并没有见过多少世面，出笼初飞，难免慌慌忙忙，跌跌撞撞。因此，丢了弓鞋的，坠了宝钗的，比比皆是。而她们并不在意这些，只是珍惜着分分秒秒的美好时光，以至于"宝钗骤马夕遗落，依旧明朝在路旁"（唐人张萧远《观灯》）。更有的竟然拉起手来围成圈，一睹俊美男子的姿容。

旖旎在两情相悦的约定。灯影婆娑，月华浮动，被激情鼓满的少男少女也许就会私许终身。他们或者并肩私语，或者解佩留念，情谊缠绵，天欲曙而兴未尽，于是又约明年相会此日中。

灯总有收的时候，来年的约定也未必能够如愿，灯节的情爱也就有悲有欢。但无论是悲欢，只要真情在，依然旖旎，正如欧阳修的这首《生查子》所写：

去年元夜时，花市灯如昼。月上柳梢头，人约黄昏后。　　今年元夜时，月与灯如旧。不见去年人，泪湿春衫袖。

冰灯节

　　冰灯节是一个地域性的节日，时间一般在正月间，而且多与元宵灯节重叠，可以视作这些地区元宵节的一部分。近年来，冰灯节日益红火，虽说仍然局限在北方地区，但影响已经波及全国乃至世界。

　　所谓冰灯，就是用冰制成的灯。其制法有冷冻和冰雕两类。冷冻，就是给不同形状的模具注满水，放在室外冻结，待模具中部的水尚未完全凝冻时便取回室内，将剩余的水倒出，取其冰壳，中间燃蜡烛，便成了冰灯。冰雕，就是用现成的冰块堆砌、雕刻，再经过灯光、装璜等，成为灯光映射的冰雕。

　　冰灯主要流行于冬季气候严寒的东北地区，已经有数百年的历史。清人西清的《黑龙江外纪》就记载说："上元，城中（齐齐哈尔）张灯五夜。有镂五六尺冰为寿星灯者，中燃双炬，望之如水晶。"清代以后，随着清政权入主中原，冰灯随之传入京师。《燕京岁时记》即记云："市人之巧者，又复结冰为器，栽麦苗人物，华而不侈，朴而不俗，殊可观也。"不过，由于气候的原因，冰灯节今天仍以东北地区为主。

　　历史上的冰灯，最早的形状大多是随

形就物的，后来则形状大为丰富，有冰龙灯、冰狮子灯、冰花灯、冰孔雀灯、冰塔灯、冰城灯等。今天东北地区的冰灯节，届时各式冰灯、冰雕交相辉映，游人如织，成为享誉中外的"冰凌奇观"。

燕九节

　　燕九节是北京地区流行很广的一个纪念性节日，时在正月十九。它别称烟九、筵九、宴九、宴邱，这些别称大都是音转而来。这个节日源于纪念邱处机，相传他的生辰是正月十九；又传他为拒绝娶成吉思汗的女儿做妻子而在这一天自腐，所以也叫"阉九"。

　　邱处机是道教全真教的教主，人称长春真人。相传他生在金皇统戊辰（即宋绍兴戊辰），后来创立全真道教，主要活动在山东地区。元太祖成吉思汗为了自己的宏图大略，曾召他做谋士。但邱处机不赞成征战杀伐，屡次向成吉思汗提议戒杀少刑。《帝京岁时纪胜》说："考元大师宗长邱处机赴元太祖诏，拳拳以止杀为戒。时有事西征，则云'一天下在不嗜杀人'；大猎山东，则云'天道好生，数畋猎非宜'；念西河流徙，则持牒招来，全活不下三万人。"由此深得成吉思汗信任，赐号"神仙"，封

邱处机像

47

北京白云观

为大宗师，总管天下道教，居住在大都（今北京）长春宫（原名太极宫，元改长春宫，明改白云观），死后葬于宫内，塑像纪念，由此而演成燕九节。

　　邱处机不仅得到元人的崇奉，明清人也是如此。清圣祖康熙曾为白云观题过四次额，即"紫虚真气"、"大智宝光"、"驻景不长"、"琅简真庭"，可见对邱处机的崇仰。民间则在邱处机去世后即有谒庙进香之举。明人所著《帝京景物略》说："今都人正月十九，致浆祠下，游冶纷沓，走马蒲博，谓之燕九节。"清代这种习俗似乎更为盛行，《燕京岁时记》说："每致筵九，皇上幸西厂子小金殿筵宴，看玩艺撺跤——民间无事可纪，游赏白云观者，谓之'会神仙'焉。"不过，民间也并非"无事可纪"，比如燕九会就十分热闹："或轻裘缓带簇雕鞍，较射锦城豪畔；或凤管鸾箫敲玉板，高歌紫陌村头。已而夕阳在山，人影散乱，归许多烂醉之神仙矣。"（《帝京岁时纪胜》）由此，或许也就可以体会出纪念邱真人的这个节日为何叫"燕九"、"宴九"、"筵九"了。

　　旧时北京除了正日子的燕九会外，还有十八日的"会神仙"。传说十八夜至十九日凌晨，仙人或化作游人，或化作乞丐，下界超度有缘者，遇到神仙的人可以"延年却病"。因此，十八晚上，无论观里的道士，还是民间的善男信女，多有在廊下趺坐、彻夜不眠的，期望能幸运地遇到神仙。遇到没遇到，谁也说不明。但时至今日，白云观的香火依然炽盛，燕九节依然敬香拜仙者如织，会神仙的习俗也依然存在。

填仓节

　　填仓节是正月里闹过元宵以后迎来的又一个比较重要的节日。它的节期有两个日子，一个是正月二十，一个是稍后几天的正月二十五；为了区别，前者叫小填仓，后者叫老（或"大"）填仓。填仓也写作"添仓"，都是填充、填满仓廪的意思；也写作"天仓"，与原始的仓神有关。

　　无论是老填仓还是小填仓，习俗活动基本一致，不外乎作仓打囤，象征性地填粮，或是焚香礼拜仓神。所谓作仓打囤，不过是用炉灰在院子里围出圆的、方的粮仓、粮屯来，或者用秫秸搭个"仓库"，然后放些五谷杂粮或金钱进去，以表示老天爷填了仓、来年丰收有望。显然，填仓之举意在祝祷、祈求丰收。这种习俗进一步巫术化，有些地方的人们更专门在这天买米买面，装满箱柜，意图以这种手段达致粮食丰收。

　　仓囤本来只是存贮粮食的仓库，并不能生产、增殖，但仓满囤圆毕竟是人们所向往的，于是农人们创造出仓廪之神。最早的仓神应当是被视作灵物的仓星，《晋书·天文志》说："天仓六星，在娄南，谷所藏也。"后来的仓神则像其他民神那样无一例外地人格化了，并且往往附会为历史人物。汉代鼎鼎有名的大将韩信就曾被附会为仓神："相传仓神为西汉开国元勋韩信，俗称之曰韩王爷，不知何所根据而然。其神像系一青年英俊者，王

仓神。陕西年画

49

图说中国节

祭仓神

韩信像

盔龙袍，颇具一种雍容华贵之象。"（清韶公《燕京旧俗志》）

相比较来说，由于老填仓在仓神生日，所以其节俗要丰富一些。这一天与粮仓有关的行业都要祭仓神，民间也间有享祭者。山西《介休县志》说："二十五日，为'大天仓'。造作面人如仓神状，燃灯于首更。造面鸡，置于内外房屋及碾磨井灶之处，盖以衣食不穷之意。"又河北《固安县志》说："正月二十五日，俗以为'仓官诞辰'，用柴灰摊院落中为囤形，或方或圆，中置爆竹以震之，谓之'涨囤'，又谓之'填仓'。"

填仓的节俗活动，体现了人们祈盼丰收的愿望，也真实地反映了传统农业社会的特点。时代的变迁，使我们不再重视这个节日，但古人甚至是我们长辈的祈愿，似乎不应忘怀。

天穿节

天穿节是一个纪念性的节日，与我国的古老神话有关。它的节期不一，一般在农历正月二十五前后，而以二十为多。由于主要节俗活动主要是象征性地补缀穿孔的天，所以此节也叫补天节等。

天穿节源于女娲补天的神话传说。传说女娲创造人类以后的数年，和颛顼大战的共工努触天柱不周山，结果天穹倾斜，还裂开了窟窿。为了挽救天穹和人类，女娲挑选五色石子，炼成石浆，补好了天上的窟窿。相传女娲补天的日子正好是正月二十，所以后人就把这一天叫做补天日，并用象征性的习俗活动纪念女娲补天，从而形成天穿节。

天穿节在魏晋南北朝时就已存在。旧题东晋王嘉《拾遗记》说："江东俗号正月二十日为天穿日，以红缕丝系饼饵置屋上，曰补天穿。相传女娲以是日补天也。"南朝梁宗懔的《荆楚岁时记》对此也有记载。此后唐宋各代均有此俗，至清代仍然流行。康熙《广东通志》说："（夏历正月）十九日，挂蒜于门以辟邪，广州谓为天穿日，作馎饦祷神，曰'补

女娲补天图

圖說中國節

女娲娘娘铜像   女娲补天木雕

天穿'。"现在，这种习俗已经不那么流行。

　　天穿节的主要节俗是象征性地补天，补天的工具则是薄而圆的煎饼、烙饼，叫"补天饼"，典型习俗是把补天饼放在或撕了扔在屋顶上。《荆楚岁时记》记载说："江南俗正月二十日为补天日，以红丝缕系煎饼置屋上，谓之'补天穿'。"宋代人的《坚瓠集》也记载说："以煎饼置屋上，名曰补天穿。"所以，苏轼有"一枚煎饼补天穿"的诗句。

　　补天穿也叫补天漏，也叫补天地，这又与民间的风俗传说有关。相传神话时代，是"二十日天穿，二十一日地穿"，所以不仅要补天，也要补地，所以有"补天地"之称。补天是把饼向屋顶上放，补地则是把饼搁在地上或扔在井里。又传天出了窟窿时，大雨倾盆，洪水成灾；而天穿日又与二十四节气中的雨水时间接近，人们以补天穿来祈祝"雨水之日，屋无穿漏"，所以也就有了"补天漏"之称。

　　同样的是煎饼，有些地区则是以吃来代表补天。《荆楚岁时记》记载的北方习俗就是如此："北人此日食煎饼，于庭中作之，云薰天，未知所出。"就是说，煎饼要在院子做，而且要搞得烟熏火燎的。这里，煎饼并未放在屋上，民俗信仰的意思，大概是它已经随油烟升上天空完成了补天的使命吧？

52

中和节

唐德宗像

中和节与天贶节一样，是古代的一个官方确立的节日，时间在二月朔（初一）。不过，这个由唐德宗批准的节日比由宋真宗敕许的天贶节，要和民众贴近一些，也长命一些。

宴会江曲

《旧唐书》贞元六年二月戊辰朔，百僚会宴于曲江亭上。赋中和节诗六韵。

中和节是废止一个旧节日而诞生的新节日。据《旧唐书》记载：贞元五年（789），李泌上书改正月晦的节日为二月朔的中和节，百官进农书，以示务本。唐德宗准奏，下诏以正月初九、二月朔和三月上巳为三令节。此外，尉迟枢《南楚新闻》也记载了这件事："李泌谓以二月一日为中和节，人家以青囊盛百谷果实，更相馈遗，务极新巧，宫中亦然，谓

曲江会宴

太阳星君

之献生子。"

"中和"是儒家中庸之道的一个重要范畴，认为能达到中和，则万事万物都能达到和谐的境界，所谓"致中和，天地位焉，万物育焉"。中和节俗所谓"献生子"，就是建立在这种信仰以及节令特点基础上的。二月初，大地回暖，春耕春种就要开始，人们互相馈赠五谷瓜果的种子，正是时候；这样达致中和，"万物育也"——庄稼蔬菜能够生长苗壮。也正因此，后世虽然不提什么中和节，"而民间犹以青囊盛五谷瓜果之种相送，谓之献生子"（《中华全国风俗志·浙江临安》）。

中和节晚近一些的时候虽已不存，但民间仍以二月朔为节，那就是所谓"太阳生日"。民间认为，农历二月初一是太阳星君诞辰，所以有一定的纪念、享祀活动。太阳星君即太阳神，与月亮神太阴星君相对，也叫炎火帝君。人们出于对太阳神的崇拜和农业生产的需求，祭祀太阳星君。这种习俗源于上古，当时曾有春分祭日、秋分祭月的国家典礼。享祀太阳星君一般用太阳糕，也叫"太阳鸡糕"，因为俗传太阳中有雄鸡（或说乌鸦）。清代祭太阳之俗颇为盛行，太阳糕也就成为一种节物。

旧京供太阳时，家家户户在院内设香案，挂太阳星君神祃，供太阳糕三五个，遥向东方日出处膜拜。更有持斋诵《太阳经》的。日转西时，将太阳糕等供品撤下，分给小孩吃。又将春节门首五彩挂钱揭下来与神祃一起焚化，叫"太阳钱粮"。除一般的祭拜之外，各地还建有太阳宫、太阳殿，二月初一前后开放几天，"修崇醮事"。

龙抬头日

　　俗语有云："二月二，龙抬头。"旧时民众以为从二月初二开始，龙要抬头行云作雨，因而围绕这种俗信形成了许多活动，龙抬头日也就成了一个节日。

　　龙是中国古代文化中地位显赫的神物，是祥瑞之物，更是和风化雨的主宰。俗云"龙不抬头天不雨"，龙抬头意味着云行雨作，而天地交泰、云行雨作是万物生长的条件。此外，古人以为龙是鳞虫之精，百虫之长，龙出则百虫伏藏。二月初正值春回大地、农事开始之时，又是百虫出蛰蠢蠢欲动之时，故民间有扶龙头、引青龙、剃龙头之举，又有食龙皮、龙须、龙子、龙鳞饼之俗，还有停针、忌磨等禁忌，以此来助龙抬头，祈求龙布云作雨，保佑丰稔。

　　龙抬头日的节俗活动主要是两个方面的，一是扶龙、引龙等正面活动，一是熏虫、除虫等反方向的活动。引龙也叫引青龙、引钱龙，引龙的方法大致有二。其一是清

云龙图

二月二龙抬头。传统年画

水府龙王

晨汲水回家，叫"引青龙"（龙在水中）；或放古钱在水桶中，叫"引钱龙"。另一种方法是撒灰作龙蛇状，从门外蜿蜒布入宅厨，旋绕水缸，叫"引龙回"；或者再用红丝线系一枚铜钱，从门外拖入室中，也叫"引钱龙"。

熏虫、咬虫是民间在龙抬头日采取的防虫、除虫活动。熏虫一般是油煎食物，以其油烟熏燎出蛰蠢动的虫蝎，并把油煎食品吃掉，俗谓此举可以免除虫蛀、虫灾。咬虫是更进一步的巫术行为，即炒了豆吃，或者吃蝎子状、虫状的油煎食物。旧时北京还有"照房梁"之俗，即把过年时祭祀用剩下的蜡烛点燃，照射房内各处，以驱逐蝎子、蜈蚣等毒虫。民间说将要出蛰的虫子被亮光晃照及油烟熏燎后，自动掉落，即可除灭。所以俗谚说："二月二，照房梁，蝎子蜈蚣没处藏。"而此外的拍打、清扫、撒石灰等方法，则要科学、实际得多。

众所周知的二月二节俗，还有剃龙头。这当然不是给龙剃头，而是给人剃头，民俗以为这一天剃头是"剃龙头"，可以求得一年好运。时至今日，这种习俗仍然盛行——既然有民俗信仰的好兆头，而春节前剃过的头到此时也真该再修理修理了，那何不去剃我龙头呢？

引钱龙

社　日

我国历史上的相当长一段时期，其社会形态是典型的传统农业社会。在这样的社会形态下，人们对土地有着极其深厚的感情。爱重之，必然神化之，因此土地很早就是人们的祭祀对象，称作"社"；而重点祭祀的那个日子，就是"社日"；有趣的是，我们今天所用的"社会"一词，早先也不过是社日的一种活动。

社字从示从土，"土"是土地，"示"表示祭祀，那么，社就是祭土地。早先的土地神只是神灵，后来逐渐人格化，叫社会，俗称土地爷，而且有配偶神（社母，俗称土地奶奶）。有时，土地神与谷神合祀，这就是古代所谓

土地神

的社稷了。

古代享祀土地神的日子叫社日，一般春秋各一，后来则间或有四时致祭的。宋人邱光庭《兼明录》等书称：社日一般用戊日，立春后的第五个戊日为春社，立秋后的第五个戊日为秋社，大体在春分或秋分前后。汉代以前只有春社，汉以后则有春、秋二社。春、秋二社祀神的功能有所分别，即所谓春祈秋报。春社主要是祈求土地神保佑农业丰收，秋社则以收获报答感谢神明。

春、秋二社相比来看，春社的活动更多一些。春社按立春后第五个戊日推算，一般在二月初二前后，而二月二相传又是土地神的诞辰，所以这一天的享祀也就格外隆重。袁景澜《吴郡岁华纪胜》记苏州此俗说：

　　二月二日为土神诞日，城中庙宇各有专祠，牲乐以酬。乡村土谷神

土地庙庙会

土地解饷

祠，农民亦家具壶浆以祝，神厘
俗称田公、田婆，古称社公、社
母。社公不食宿水，故社日必有
雨，曰社公雨。酿钱作会，曰社
钱。叠鼓祈年，曰社鼓。饮酒治
聋，曰社酒。以肉杂调和铺饭，曰
社饭。……田事将兴，特祀社以
祈农祥。

无论春社还是秋社，人们面对的
都是神明，本来该是极其严肃的。但
中国的人与神的关系十分微妙，或者
说神也喜欢红火热闹吧，所以祀神除
上香跪拜以外，又有演戏酬神。对土
地爷当然也不例外，于是就有了"社"
的副产品，诸如社酒、社肉、社饭、
社雨等等，突出的是所谓"社会"、"社

社戏

图说中国节

火"、"社戏"等。社会也就是土地会，是人们在社日祭祀土地神的时候而举行的赛会，后来泛指节日演艺集会。由专称到泛指，可以看出社的影响之大。社会在魏晋已经很是盛行，唐裴孝源《贞观公私画史》载有晋人史道硕画《田家社会图》。旧时社会的一个关目，就分肉吃——肉本来是祭土地，（早期只是野外堆起的一个土堆，《孝经纬》："社，土地之主也。土地阔，不可尽祭，故封土以为社。"）祭完了，大家一起分了吃。有肉当然要佐以酒，食肉饮酒又不能佐以娱乐，所以社会也就成了祭神娱己的热闹所在。关于这社会的热闹情形，近人朱昆田一首《题钱舜举春醉社图》描写极其详尽：

> 坎坎鼓，蹲蹲舞，祈秋成，祀田祖。
> 田祖醉，彻酒脯。速翁媪将稚孺，
> 相挽楼，来田头。草为茵，花为筹，
> 酌大瓢，相劝酬，日未落，饮不休。
> 或饱腹，或瞋目，或拍手，或顿足。
> 或招或携或追逐，或号或笑或趑趄。
> 葫芦颈长盛余酒，茨菇叶香裹余肉。

花朝节

　　花朝、月夕，这是中国岁节之中安排最妙的两个节日，由此，不难看出民众在此动用的心力。仲春百花盛开、繁花似锦的时候安排一个花朝，仲秋天高气爽、月朗星稀的时候点缀一个月夕，其间，人的心智的美洁，人与自然关系的和谐，体现得淋漓尽致。

一　花朝与花神

　　与月夕相对，花朝的节期应该是仲春之中，即二月十五。"二月望为花朝节。盖花朝月夕，世俗恒言二、八两月为春秋之半，故以二月半为花朝，

康熙五彩十二花神杯

八月半为月夕也"。(《中华全国风俗志·浙江杭州》)不过，由于历史的和地理的原因，花朝节期诸说歧出，有二月初二、二月十二、二月十五之说。不过，后来人们提到花朝，基本上固定在了二月十二，这一天也叫百花生日。

花朝节俗至晚在宋代已经形成，南宋的《西湖游览志余》、《梦粱录》就有相关节俗的记载。《梦粱录》"二月望"条说："仲春十五日为花朝节，浙间风俗，为春序正中，百花争望之时，最堪游赏。"

花朝节的信仰基础是所谓百花生日、花王诞辰、花神诞辰。关于花王、花神，历来说法不一。又传说花神不止一位，因而有"十二位花神"之称。《镜花缘》等书还把花神和唐代女皇武则天联系起来。据传，洛阳牡丹等十二花神在天上犯了罪，被玉皇大地贬到了人间。又说十二花神为十二月花神，分别掌管一年十二月的花卉。民间为纪念享祀花神，有的只是设神位，有的地方则建有花神庙。

花朝节的节俗活动也和其节期一样，因时代和地点而异。主要的活动有纪念享祀花神，有赏红、种花，还有独特的节日游戏"扑蝶会"。纪念、享祀花神，除设神位敬香祭祀外，更有盛大的花神庙会。北京西南郊有花乡，

61

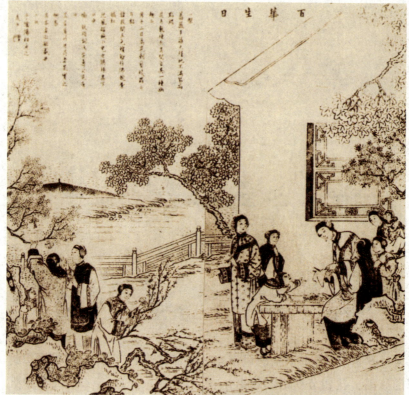

百花生日

花神庙

这个乡有北京著名的花神庙。此庙始建于明代，庙门上悬有"古迹花神庙"匾额，前殿供有花王诸神及各路花神的牌位。花农都在花神诞辰的二月十二到花神庙进香献花；三月二十九，附近各档花会照例到此献艺，谓之"谢神"，甚至要搭台唱"野台子"戏。南京每年二月十二百花诞辰和九月十六菊花诞辰为祭神庙会之期，届时花农打着旗子，携香烛祭品到庙里顶礼膜拜，祈花神保佑花事兴盛。

二 赏红、种花、扑蝶会

花朝种花，其逻辑就如同莲诞植莲、竹醉日移竹一样，民众认为在这个特定的日子里插种、移接花木容易成活，所以就多有种花之举。由此，花朝也被称为"种花期"、"插花节"。

扑蝶会是甚至在花朝形成节日以前就存在的一种春季游戏。南北朝时期的《荆楚岁时记》就记载说："长安二月间，士女相聚，扑蝶为戏，名曰'扑蝶会'。"这里只说在二月，未提及花朝，但时间基本上吻合。宋代诗人杨万里的《诚斋诗话》则明确指出是在花朝："东京（开封）二月十二日曰花朝，为扑蝶会。"后来的杭州地方志也说："是北宋时有扑蝶之戏"，所说应该是

祝神花诞

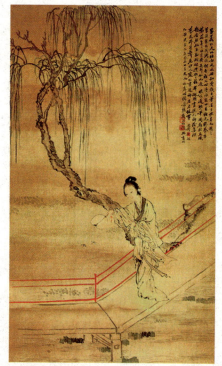

扑蝶图

宝钗扑蝶邮票

在南宋都城临安（杭州）。从自然物候来看，春暖花开时节，是莺歌燕舞之时，更是蝶舞蜂飞之时。而蝴蝶不仅与花相恋，又十分美丽，性情也很是温婉宜人，所以人们就必然要作扑蝶之戏了；而参加的人多了，也就成了扑蝶之会。拟想二八少女身着罗裙，手执纨扇，皓腕凝雪，娇态可掬，这扑蝶该是怎样的旖旎动人！

不过，尽管《荆楚岁时记》所记扑蝶会的参加者为"士女"，但这种游戏还是以少女少男为宜，大老爷们儿参与总有些煞风景。当然，大老爷们儿也不甘心在这样的日子里枯寂终日，于是出门去赏红。

赏红也就是赏花，是一种很有韵致的节俗。正如《帝京岁时纪胜》所记："十二日传为花王诞日，曰花朝。幽人韵士，赋诗唱和。春早时赏牡丹，惟天坛南北廊、永安门内张园及房山僧舍者最胜。"更有用彩色布条、纸条挂于花枝的。《中华全国风俗志》记述江苏吴中此俗说："二月二十二日为百花生日，闺中女郎，剪五色彩绘，粘花枝上，谓之赏红。"又记述江苏吴中此俗说："十二日花朝，闺中裁红，系之花木，风来招展，红绿参差，亦春光之小点缀者。"而在云南大理，人们则要在花朝把自家的盆栽花木摆在门口，搭成一座座花山，形成一条条花街。而当地、附近的人们盛装观赏，人众兴浓，蔚然大观。

赏红习俗，大约起源于唐代的护花幡。据唐人小说记载，当时有位叫崔玄微的文人游园时碰到几位美人，美人们说她们怕恶风，经常乞求十八姨庇护，后来得罪了十八姨，不再能依恃其庇护，因此请求崔氏在每年的二月初一作一个红幡挂于花枝，上面画日月星辰等，如此即可免难。崔氏如法照办，到那天，暴风把树都拔了起来，唯独苑中的繁花安然无恙。后来，这种红幡就被称作护花幡。

护花幡的时代已经离开我们一千多年了，赏花、莳花之举则于今更盛。是啊，大自然惠赠的那份美丽，我们怎能不欣赏、护持。

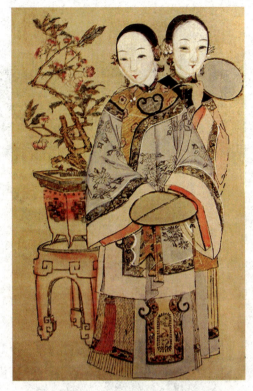

双美赏花图

挑菜节

挑菜节是我国的传统春令节日，在唐宋时曾经十分盛行。节期在二月二，与花朝节期的说法之一相符，因此挑菜节又被说成是花朝节的别称。后世挑菜节虽不那么盛行，但挑菜之举可以说在近代仍然存在。

唐代挑菜节的大体情形是：农历二月初二，曲江拾菜，士民游乐其间，谓之挑菜节。在诗人们的诗歌里，挑菜节也被叫做挑菜日、挑菜时，如郑谷《蜀中春雨》诗："和暖又逢挑菜日，寂寥未是探花人。"刘梦得《淮阴

曲江风景

榆钱树

行》诗："无奈挑菜时，清淮春浪软。"宋代，这种风俗不仅民间存在，并且传入宫廷里，演化成了挑菜御宴。宋人周密《武林旧事》记载说："（二月）二日，宫中排办挑菜御宴。先是，内苑预备朱绿花斛，下以罗帛作小卷，书品目于上，系以红丝，上植生菜、荠花诸品。俟宴酬乐作，自中殿以次，各以金篦挑之……王公贵邸，亦多效之。"

挑菜也叫拾菜，实际上就是挑挖、拾掇新鲜的菜蔬，用来做成应时的食品，由此而形成节会。传统社会里没有什么大棚暖房供应所谓反季节蔬菜，而只能适应时令季候从原野或园圃取用。而春季到来之时，最能响应春气的莫过于那些小花小卉，在菜园种植的蔬菜还未长成的时候，原野里已经是野蔬遍地了。此时，人们要吃到新鲜的菜蔬，就势必到野地里挑菜。而花朝以至其后的上巳、清明，均有野外的习俗活动，自然可以顺带拾掇、挖挑一些野菜回来。

挑菜节所挑野菜，因南北地方的不同而多有差别。在北方，春季里最著名的野菜恐怕要数灰菜（也叫苦菜）。挑来的灰菜可以单独凉拌了吃，也可以和面做菜饼子吃。南方一些地方，则是挑蒌蒿的新芽，和米粉做成饼子食用。旧时在年景不好或人家穷困的情况下，这些种菜曾经做过老百姓的主

榆钱糕

食。今天人们食用它们，不过是图个新鲜，讲究个绿色天然。

春天里大自然馈赠于人类的天然美食，岂止野菜，人们熟知的榆钱、香椿、柳叶都是时令鲜品，别有风味的。在榆钱成串的时候，孩子们等不及，早已爬树撸了来塞得满嘴满兜。大人们则用榆钱和面，做成榆钱糕来吃。而老北京的香椿芽拌面筋，嫩柳叶拌豆腐，都时春令佳味，味道极为清美。

寒食节

寒食节是一个禁忌性节日，也是一个纪念性节日。所谓禁忌，凡是在节日不准生火做饭，而要冷吃事前做好的饭，所以叫寒食节，也叫禁火节、禁烟节。所谓纪念，是相传这个节日起源于纪念介子推。

两千六百多年前，晋献公的儿子重耳为了躲避后母骊姬的陷害，在国外流亡多年。一次路过卫国的时候，重耳和他的随从被人追击，慌不择路，逃

67

重耳周游列国

寒燕儿

到了一个渺无人烟的地方，甚是饥饿。这时重耳发现大臣介子推不见了，别人都说他乘危脱逃，重耳则相信介子推不是那种人。果然过了一会儿，介子推给公子端来了碗肉汤。重耳饥不择食，狼吞虎咽，一饮而尽。这汤原来是介子推从自己腿上割肉来熬的。公子得知此情，表示即位之日，一定重加封赏。后来，重耳真的即位成了晋文公，犒赏功臣时却唯独忘了介子推。介子推不愿邀功请赏，不食俸禄，悄悄地到山林里躲了起来。人们赞赏介子推的这种行为，同时也对晋文公不满，于是有人在他的门上挂了封信。晋文公见到信，猛然想起了介子推，遂派人去请子推出山，子推不从，晋文公便要焚山撵他出来，不想，介子推在大火中抱树而死。晋文公有感于此，下令以后每年介子推被烧死的这天，全国禁火，吃干粮、冷饭。

　　关于禁火的日期，也就是寒食节的节期，历来说法不一。它不是固定在一年的某月某日，而是给出一个相对的参照点推算。参照点有两个，一是清明，一是冬至。一般的说法是清明前一天或两天为寒食节。另一种解释以上年的冬至为基准，说冬至后的第一百零五或一百零六天为寒食，所以寒食节也叫"百五

节"、"百六节"。《荆楚岁时
记》云:"去冬节一百五日,
即有疾风甚雨,谓之寒食。
禁火三日,造饧大麦粥。"

其实,寒食、禁火的日
期最初是根本不确定的,就
如同禁火之举也根本和介子
推没有关系一样。从先秦的
文献记载可知,当时是有比
较严格的用火管理制度的。
《周礼》有"司爟之官,实际
上就是管火的官,他的任务
是'季春出火',民咸出之;

清明节蒸燕燕。吕梁地区中阳民俗剪纸

季秋内(纳)火,民亦如之"。也就是说,秋季最后一个月到次年春季最后
一个月期间,野外不准生火。禁火的目的是在干燥的冬春季节防止失火,保
护森林及其他资源财产。寒食禁火,实际上是由此而来的象征性举措。

寒食整天禁火,火种势必要灭。因此等到清明节,就要重新去获得火种,
这叫"请新火"。据《辇下岁时记》记载,唐代宫廷每到清明节,都要让宫
禁内的小孩子钻榆木取火,先得火者,皇帝要赐绢三匹,银碗一只。由于火

黄州寒食帖

种难得，且赐予臣下火种也可以表示关怀，笼络人心，所以又有"赐火"之举。此举以唐代为盛，韩翃《寒食》诗有"日暮汉宫传蜡烛，轻烟散入五侯家"之句，以汉喻唐，说明了当时的情形。

请新火是解决寒食后的问题，寒食日如何呢？无米不可炊，无火亦不可炊。为了寒食日还能吃得好，就要在寒食前备好食物。显然，一般的肴馔是不合适的，于是专用于寒食的食品也就出现了：

> 寒食三日为醴酪，又煮粳米及麦为酪，捣杏仁煮作粥。（《荆楚岁时记》引陆翙《邺中记》）

> 寒食火禁，盛于河东，而陕右亦不举爨者三日。以冬至一百四日，谓之"炊熟日"。饭面饼饵之类，皆以为信宿之具。又以糜粉蒸为甜团，切破曝干，尤可以留久。以松枝插枣糕置门楣，呼为子推，留之经岁，云可以治口疮。（宋庄季裕《鸡肋编》）

民间习俗如此，而佛门道观更有做"青粳饭"馈赠施主的。《熙朝乐事》说："清明僧道采杨桐叶染饭，谓之'青粳饭'，以馈施主。"明人高濂的《遵生八笺》中详尽地记述了青粳饭的做法。

清明节

清明是一个节气，也是一个节日。这个节日的传统节俗活动是上坟扫墓祭奠先人，还有插柳、踏青等。扫墓、插柳是清明独特的节俗，而踏青则是与上巳节等共有的节俗。

一　扫墓祭先

清明节是我国的三大鬼节之一（另外两个是七月半和十月一），最主要的节俗是祭扫祖先坟墓。上古之时，"墓而不坟"，就是说只打墓坑，不筑坟丘，所以祭扫就不见于载籍。后来墓而且坟，祭扫之俗便有了依托。秦汉时代，墓祭已经成为不可或缺的礼俗活动。《后汉书·明帝纪》引《汉官仪》说："古不墓祭，秦始皇起寝于墓侧。汉因而不改。"后世把上古没有纳入规范的墓祭归入了五礼之中："士庶之家，宜许上墓，编入五礼，永为常式。"（《旧唐书·玄宗纪》）

祭祖本来是最能体现我国民众孝思的礼俗，得到官方的肯定之后，清明墓祭之风必然大盛。早在汉代，在朝做官的严延年，每逢清明，要不远千里"还归东海扫墓地"（《汉书·严延年传》）。魏朝官府允许官吏请假祭扫，并且时间极长："任事之官，吉凶请假，定省扫拜，动辄历十旬。"（《魏书·高阳王传》）民间耽搁不起那么多时日，但届期也是"田野道路，士女遍满，卑隶佣丐，皆得上父

周元亮绘《清明》

71

清明上坟。吕梁地区中阳民俗剪纸

母丘坟"（见柳宗元《与许京兆书》）。而在当代中国，这种习俗仍然非常强固，所以清明节已成为我国的法定节日。

清明作为鬼节之一，其独特之处就是墓祭，这种特点当然要被人们充分地利用。户外的墓祭最具表示家族兴盛的功能，坟头纸钱、纸幡、花圈，正是后继有人的标志；供品多而讲究及家人冶游之盛，又是家道殷实的象征。如此，怎能不着意大肆地安排、活动一番！晚近以来，这种风习还是很盛的。国家把清明定为法定节日，也是为了给人们的这种礼俗提供方便。不过，现在情况与过去有了不同，一是墓祭时多用鲜花，一是所祭奠者不只是先人，也可以是其他尊长师友。

清明节与另外两个鬼节比较来看，特点是墓祭，民间也叫上坟、上冢，即去墓地祭奠故去的祖先和亲人。这样的选择，有着充分的自然季候和社会生活基础：冬季寒冷，虽然可以上坟烧纸，但不宜较长时间地流连盘桓；夏秋天热雨多，又是农忙时节，而且对扫墓培土来说也为时已晚。因此，清明就成为墓祭的最佳选择。

清明墓祭，一般要在墓前焚纸钱、供食品、奠酒醴，所以要提盒担篮，有的甚至是车马出行。不仅成年男子参与，妇人、儿童也要参与。往往是晨间前往，盘桓镇日，日暮才回家。宋人周密的《武林旧事》谈到了当时的这种习俗："人家上冢者，多和枣锢姜豉。南北两山之间，车马纷然，而野祭

大观园清明宴享图

者尤多……妇人泪妆素衣，提携儿子，酒壶肴垒。村家山店，分馂游息。至暮则花柳上宜，随车而归。"正是因为分馂（众人分食祭过祖先的食品，即馂馀），才有了清明节俗的野外宴饮（野餐）；正是因为游息，才有了清明的踏青游玩（郊游）。

　　清明的祭奠先人之所以也叫"扫墓"，有着名副其实的内容。所谓扫墓，就是要清理墓地，去除杂草，修补坟墓。旧时民间大多数的坟墓是掘土、堆土而成，墓地难免杂草蔓生，而由于雨浇水淋，甚或鼠狐打洞，坟头也难免"沟壑"纵横，甚或塌陷成坑。这对满怀孝思的中国人来说当然是不能容忍的，必须清理、修补。清明时节，大地消冻，雨水未临，人又不忙，正是清理、修补的大好时节。而这种基于自然季候和社会生活的安排，又被民众上升到了民俗信仰的高度：修坟扫墓只能在清明进行，余时不宜。我们在文艺作品里常见到更换墓碑的情节，时间多在清明节，也正缘于此。

二　插柳戴柳

　　清明除了扫墓祭先之外，还有插柳、戴柳之俗。此时，柳枝发芽，柔嫩坚韧，鹅黄柳绿，煞是可爱，又能弯曲盘旋，编成柳条帽。民间习俗利用了

73

这种自然季候的特点，却又对习俗活动给出了另外的解释：插柳可以避鬼、明眼，戴柳可以免毒、驻颜。

插柳之俗起源较早，时间有元旦，但以清明、寒食期间为多。南北朝时，人们多在元旦插柳，说是能避鬼。北魏贾思勰《齐民要术》说："正月元旦取柳枝著户上，百鬼不入家。"这与元旦桃枝避鬼用意相同。而宋人孟元老《东京梦华录》所记则在清明："清明节，用面造枣锢飞燕，柳条串之，插于门楣。"同时代的《梦粱录》也说："家家以柳条插于门上，名曰'明眼'。"不过，用枣泥和面做面燕穿柳插门楣，显然与纪念介子推有关，可见清明、寒食两个节日的节俗多有交叉了。除避鬼、明眼之外，插柳还可以纪年华、占阴晴。宋人赵元镇《寒食》诗说："寂寂柴门村落里，也教插柳纪年华。"《清嘉录》记载说："清明日，满街叫卖杨柳，农人以插柳日晴雨占水旱，若雨主水。"

戴柳之俗，大约也是与插柳相偕而起的。最早的记载见于唐代段成式的《酉阳杂俎》："三月三日，赐侍臣细柳圈，言带之免虿毒。"这里明确地说赐的是柳圈。这种柳圈是用细柳条弯曲编成的，也有叫柳冠、柳条帽的。后世

清明戴柳

人们所戴的，当然有柳圈；但也有仅只是在头上插一段好看的柳枝，叫"插"不错，叫"戴"也可以。只是后来人们戴柳并不像唐代那样为"免蛊毒"，而是为了驻颜——留住青春美丽。明人田汝成《西湖游览志余》说："（清明）人家插柳满檐，青茜可爱。男女亦咸戴之。谚云：'清明不戴柳，红颜成皓首。'"其实，驻颜不过是一种俗信而已，戴柳的真正目的，其实是展示美丽，明人杨韫华的《山塘棹歌》说得好：

> 清明一霎又今朝，听得沿街卖柳条。
>
> 相约毗邻诸姐妹，一株斜插绿云翘。

三 秋千风筝

清明作为节气，意思是清和明丽。清和明丽的日子，微风和煦，绿草如茵，正是户外游戏的最好时候。这个时节的游戏很多，诸如荡秋千、放风筝、斗草、蹴鞠、拔河，这里只介绍前两种。

秋千的起源有两种说法。一说起于汉武帝的后宫之戏，本来叫"千秋"，后来颠倒过来，并且加"革"旁成了鞦韆。所以明人陈卧子的诗说："禁苑起山名万岁，复宫新戏号秋千。"另一种说，认为秋千并不是中原的产物，而是北戎的一种健身游戏，目的是锻炼敏捷性。《古今艺术图》说："秋千，北方山戎之戏，以习轻矫者。"这种游戏大约在民族交往频繁的南北朝时传入内地，人们多在春天"悬长绳于高木，士女祗服，坐立其上，推引之"（《荆楚岁时记》）。到唐代，荡秋千的习俗在宫禁苑囿中十分盛行。由于秋千轻荡，飘举欲仙，浪荡皇帝唐玄宗看入了迷，就给它起了一个很有些机趣的称谓——"半仙之戏"。宫禁中的这种习俗自然传到了都城长安，士女们竞相仿效，风靡一时。诗人王建的一首《秋千词》写尽了这种游戏的风流况味：

> 长长丝绳紫复碧，袅袅横枝高百尺。
>
> 少年儿女重秋千，盘巾结带分两边。
>
> 身轻裙薄易生力，双手向空中鸟翼。
>
> 下来立地重系衣，复畏斜风高不得。
>
> 傍人送上那是贵，终赌明珰斗自起。
>
> 回回若与高树齐，头上宝钗从堕地。

眼前争胜难为休，足踏平地始为愁。秋千之戏，一直到近现代北方仍然存在。每当春季天暖之时，孩子们就来到野外，找两棵平行而相距适度的大树，把牛毛绳或麻绳的两头拴在树上，一人坐在绳子上，别人推送，来回飘荡；或者足可点地者，自己借力荡起来，再借耸动身体之力连续荡下去。胆子大一些的男孩，则站立在绳子上，借助站起、下蹲的力道来回飘荡，呈现男子的力量与矫健之美；女孩子们体轻，荡得高些，再加轻飘的花衣裳，煞是好看。

　　放风筝也是一种至今仍然盛行的民间娱乐活动，而且十分普及，较历史上的任何时代都可以说是有过之而无不及。无论是在阳春，还是在仲秋，甚或是夏天、冬日，城市广场或乡村郊原都会有一只只美丽的风筝放飞起来，装点蓝天，装点人们的生活。

荡秋千。《月漫清游图册》之一

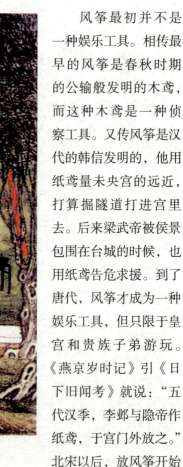

　　风筝最初并不是一种娱乐工具。相传最早的风筝是春秋时期的公输般发明的木鸢，而这种木鸢是一种侦察工具。又传风筝是汉代的韩信发明的，他用纸鸢量未央宫的远近，打算掘隧道打进宫里去。后来梁武帝被侯景包围在台城的时候，也用纸鸢告危求援。到了唐代，风筝才成为一种娱乐工具，但只限于皇宫和贵族子弟游玩。《燕京岁时记》引《日下旧闻考》就说："五代汉季，李邺与隐帝作纸鸢，于宫门外放之。"北宋以后，放风筝开始流行于民间，而且日盛一日，成为今天的情形。

风筝别称纸鸢，此外也叫风禽、纸鹞等。这些称谓都与禽鸟相关，概了其能飞的特点。而称作风筝，则是因为在鸢首缀一个小竹筒，风入筒中，其鸣如筝。这有些像绑在鸽子身上的风笛。而更有在风筝上装置简单簧片琴弦的，叫"鹞琴"。明清以来，风筝的制作日趋精巧，以至于曹雪芹竟心为所动，撰著《南鹞北鸢考工记》，记载了几十种扎、糊、绘、放风筝的工艺。此时的风筝，已经不只是一种娱乐用

邮票中的燕式风筝

具，也成了一种工艺品，并出现了并不以施放为目的而是用来作装饰品的风筝。

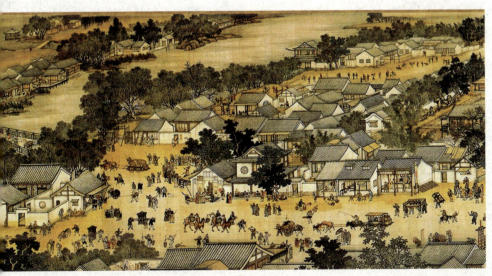

清明上河图（局部）

放风筝旧时还有一些讲究。比如上海郊区放风筝忌讳断线，而断线风筝落入人家被视为不吉，要采取某些消灾措施。而在更广大的地区，春天放风筝时要剪断风筝线，让它随风飘去，俗说如此灾难祸患也就随之飘去，一年平安吉祥。

上巳节

在我国传统节日中，再也没有哪些节日像上巳、寒食、清明、踏青这几个节日打得那么火热了——它们节期接近，节俗部分重叠，有些难解难分。但细细推敲起来，还是各有源头、各自独立的。

展上巳

一　上巳溯源

上巳的"巳"，是地支之一。上巳指农历三月的第一个巳日，也叫"元巳"。上巳的日期，大体在三月初三，所以后来上巳和三月三都被称为"修禊日"。到了曹魏时期，上巳节就固定在了三月初三。

上巳的节俗，最早是临水祓禊，后来逐渐生发出禊饮、禊游之举。此后，又由禊饮发展为曲水流觞，由禊游发展为郊游踏青之俗。

比较来看，上巳节的主要节俗是祓禊，用意是除垢求洁；

寒食节的主要节俗是吃冷食，用意是防火禁烟；清明节的主要节俗是墓祭，用意是追思祖先；踏青节则主要是由上巳和清明两个节日发展出来的游玩娱乐的节日。因此，虽说上巳、寒食、清明、踏青诸节日期甚相近、节俗有重叠，但原始要宗，还是各各相别的。

二　临水祓禊

上巳节的原始节俗，是到水边洗浴，去垢求洁，除病致祥。这种活动叫修禊、祓禊，有春禊、秋禊之分，上巳节的祓禊就是春禊。

修禊之俗，早在周代就已经存在。《周礼·春官》说："女巫掌岁时祓除衅浴"，汉代经学家郑玄解释说："岁时祓除，如今三月上巳如水上之类。衅浴谓以香薰草药沐浴。"其后，此俗历代相沿不改。《诗经·郑风·溱洧》记述了春秋时郑国的祓除之举，宋高承《事物纪原》引《韩诗外传》解释说："三月桃花水下之时，郑国之俗，以上巳于溱洧之上，执兰招魂续魄，

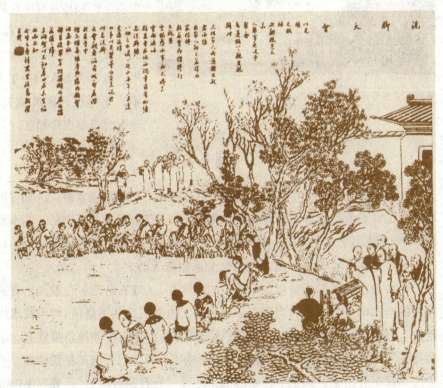

上巳洗脚大会

79

傅抱石《兰亭修禊图》(局部)

被除不祥。"《后汉书·礼仪志》不仅记述了节俗，也指出了其意义："是月（三月）上巳，官民皆洁于东流上，曰洗濯祓除，去宿垢疢（病），为大絜（洁）。"

修禊的主要活动是洗濯沐浴。大体有室内与水滨两种形式。室内的，是用浸了香薰草药的汤（热水）洗浴，或者薰香沐浴。水滨的，是在阳春三月的河水中洗浴，相传这样不仅可以洗去一冬积聚的宿垢，而洗掉的这些东西随水流走，也代表着人们一年的不吉不祥也已随波流去，剩下的只是吉祥如意。

三　曲水流觞

　　上巳节原初的习俗是洗濯祓禊，地点往往是当地的河湖水畔，一如《周礼》所记。后世最能与当时的祓禊古义吻合的上巳节俗，是所谓的"曲水流觞"。由于方式方法的不同，这种活动也称流杯、泛酒、曲水流杯、流觞曲水、流杯曲水等。流卵、流枣也是这个系列的活动。

　　相传曲水流觞的活动起源于周公的曲水宴。《续齐谐记》记载说，晋武帝时的尚书郎束皙指出，当年周公要迁都，占卜后定在了洛邑，"因流水以泛酒"，所以有了曲水流觞，没有被孔子编进《诗经》中的逸诗里就有"羽觞随波"的句子。还有一种说法，是说秦昭王三月上巳在河湾里摆酒宴，有个金人从东方出来，捧上一把水心剑，并说"令君制有西夏"；等到秦国称霸诸侯后，就在当年的地方建立了曲水祠。

不管哪一种说法正确，到汉代，曲水流觞之举都相沿而成为盛集。之后的此类盛集，王羲之的《兰亭集序》描述的最为真切：

> 永和九年，岁在癸丑，暮春之初，会于会稽山阴之兰亭，修禊事也。群贤毕至，少长咸集。此地有崇山峻岭，茂林修竹，又有清流激湍，映带左右。引以为流觞曲水，列坐其次，虽无丝竹管弦之盛，一觞一咏，亦足以畅叙幽情。

到唐代，这种习俗大为炽盛，节俗活动种类已臻完备，诸如流杯、泛酒、流卵、流枣、乞子、插柳、戴柳圈、探春、踏青、蹴鞠、秋千、拔河以及歌会等。其后，这些种类的活动几乎各代都继承并且发展了，从而缀结出我国最大、最完备的野外游乐节日。

曲水流觞所用的觞（酒杯）通常是木制的，小而轻，底部有托，可以浮在水上；也有陶制的，两旁有耳，称"羽觞"，需要放在荷叶上才能浮动。游戏的时候，人们坐在回环曲折的流水边，放酒杯于水中，任其漂流，流杯停在谁的面前，当即取饮，或者赋诗饮酒。最初的临水祓禊在河边，曲水流觞也有在河边的，但这对宴饮来说不太方便，又难以找到那样"曲"的水，于是就专门开凿曲水，修建"流杯亭"。曲水流觞之举以唐代为最，以后渐渐衰退，到清代，这种活动已经基本上湮没了。只是在今天，人们又有了雅兴，西安等地的文化人们又开始举办此类活动了。

兰亭修禊图

81

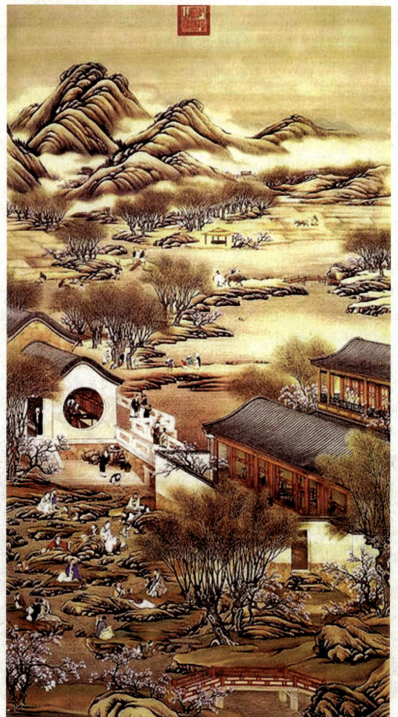

三月流觞。《雍正十二月令行乐图》之一

踏青节

　　踏青节是我国的一个传统游乐性节日，时间在春季。所谓踏青，就是在春光明媚、大地返青之际，结伴郊游。因为活动的时间在春天，所以也叫"踏青"，现代则称"春游"。

　　踏青节的节期在春天，但因时代、地区的不同而有所不同。在春季的三个月之中，正月初八，二月初二、十二，三月初三，都曾被当做踏青节的节期。一般来说，南方多在二月初二，节期与花朝节接近，宋佚名《壶中赘录》称："蜀中风俗，旧以二月二日为踏青节。"而清人顾禄《清嘉录》引邵长蘅《冶游诗》则说的是苏州："二月春始半，踏青邀女伴，小桃虎丘红，新柳山塘短。"北方则多在三月三，节期大体上与清明节重叠。唐代名医孙思邈的《千金月令》称："三月三日曰踏节。"这大概说的是唐都长安（西安）。而明人刘侗、于奕正的《帝京景物略》说的则是北京："三月清明日，男妇扫墓……是日簪柳，游高粱桥，曰踏青。"

出游踏青。宋《春游晚归图》局部

虢国夫人游春图

踏青之俗十分古老，基本上是伴随上巳祓禊和清明扫墓形成的。早在先秦，《诗经》中的一首诗就提到了伴随上巳修禊的士女的游乐活动。唐代都城长安的踏青也多在上巳。宋陈元靓《岁时广记》引《辇下岁时记》说："三月上巳，有赐宴群臣，即在曲江，倾都人物，于江头禊饮踏青。"杜甫《丽人行》及《绝句》都歌咏到了当时的这种习俗，前诗说："三月三日天气新，长安水边多丽人"，后诗说："江边踏青罢，回首见旌旗。"此后，宋元明清各代，踏青之俗相沿不绝。宋西湖老人《繁盛录》记载说："清明节，公子王孙，富室骄民，踏青游赏城西。"这里的踏青在清明节，前引《帝京景物略》也说在清明，《清嘉录》则说在上巳。而与西湖老人同时代的宋代散文家苏辙，有诗题为《记岁首乡俗寄子瞻》，诗云："江水冰消岸草青，三三五五踏青行"，所记踏青显然是在正月（"岁首"）里了。由节期之多歧，也可推见踏青之俗的流行。

踏青的活动是基本相同的。如果说元宵是我国的村街狂欢节的话，那么踏青就是野外的狂欢节。同样，元宵节促成不少浪漫爱情，踏青节也是无限风流。这个节日，是又一个"弛禁"的日子，士女野外游乐，接触的机会更多，而蓬勃春意又最是逗人春情，最能引发爱情。正因如此，就像许多古代爱情故事以元宵为背景一样，踏青也是酿造爱情故事的土壤。古典戏曲名著《长生殿》中专有"禊游"一出，写的当然是春情爱意。而此前，这种事情也当真发生过。《诗经·郑风》有《溱洧》一诗，记载男男女女到溱水和洧水边修禊，而其中的一对士女就擦出了爱情的火花，"秉兰"之后，两人离开人群，到了"洵讦且乐"的"洧之外"，游玩了一番，士还向女赠

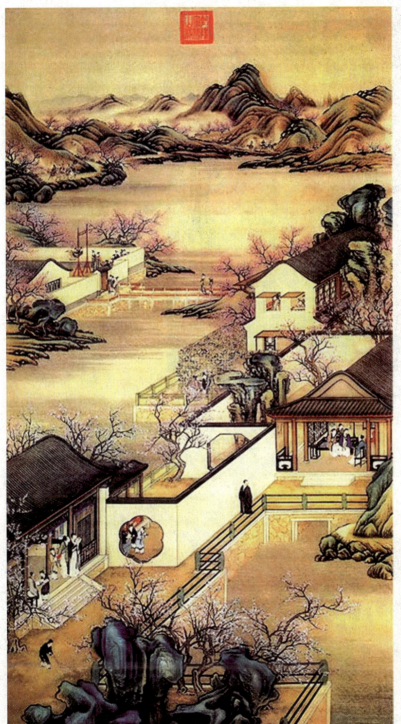

三月踏青。《雍正十二月令行乐图》之一

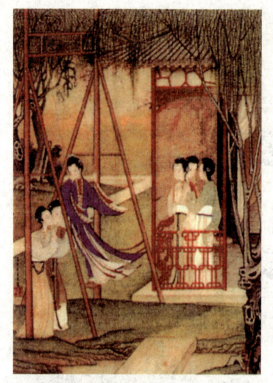
舞秋千。焦秉贞绘

放风筝

了礼物——芍药花。又相传说唐代诗人崔护清明踏青，口渴求饮，给他水的是一位楚楚动人的女子，两人对视，明眸含情，但因为男女大防，二人未通言语，即恋恋而别。次年清明，崔护踏青又来，已经是"人面不知何处去，桃花依旧笑春风"了。一日嬉游固然娱情悦性，但毕竟欢娱嫌短，不免"忽见陌头杨柳色，悔教夫婿觅封侯"的追悔与无奈。唐代诗人韩偓《踏青》诗描摹这种心态细腻传神，诗云：

> 踏青会散欲是时，
> 金车久立频催上。
> 收裙整髻故迟迟，
> 两点深心各惆怅。

当然踏青绝不仅仅是要谈情说爱，更重要的是游戏娱乐。阳春三月，丽日和风，正堪游赏，所以此间的户外活动相当丰富，如荡秋千、放风筝等。一冬局促于室内、村街的人们，此时可以郊原驰骋、山野纵横了。于是，女孩儿树上挂起秋千，在春风中轻荡；男孩儿空地放起风筝，在长空中高扬……本来充满生机的春，因此而更加生机勃发、五彩迷人。

今天，春游踏青仍然是一种重要的民间游赏娱乐习俗。一般在清明前后进行，有单位集体组织的，有三五同好自发的，也有阖家出游的。既可饱览大好春光，又能怡乐身心。

三月三

在大众的观念意识里，月、日相同的日子总是不那么平凡，因而许多这样的日子都成了节日，正月一、二月二、三月三、五月五、六月六、七月七、九月九，都是如此。这其中，大多数节日有专门的名称，也可以叫"重某"的，如重三、重五、重七、重九。而三月三左右的节日虽然也有专门的名称，但又都不足以概括这个日子里丰富的节俗，所以我们有必要专设一题。

三月三与传统的上巳、清明、踏青三个节日的日期基本重叠，因此这些节日的节俗也就是三月三的节俗。除此之外，汉族，尤其是南方少数民族，都把这一天当做节日，节俗中包括多种类型，丰富多彩。

三月三是壮族的歌圩节。壮族多在三月三举办"歌圩"，青年男女赶歌圩，对歌终日，谈情说爱，还有碰红鸡蛋、抛绣球等习俗。相传这是为纪念壮族歌仙刘三姐形成的节日，所以也叫"歌仙节"、"歌婆

刘三姐塑像

节"。近年来，广西在此基础上，组织发展了国际性的中国民歌节。瑶族也以三月为歌节，只是主要唱茶歌、诉苦歌、谢仙歌等，很少唱情歌。

三月三是侗族的花炮节。节日期间有抢花炮、斗牛、斗鸟、对歌、踩堂等活动，其中以抢花炮为中心。黎族则称三月三为迎春节，节日期间男女青年可以自由交往，在五指山上唱歌跳舞，两情相悦者则在休息时一起吃香饭，互赠礼物。

如上所述，三月三在西南少数民族主要是社交娱乐性节日，但也有一些民族以之为祭祀节日。比如布依族，在这一天要进行祭灶神、祭山神、扫寨、赶鬼等活动。祭神时要杀猪。节日里人们还要吃黄色的糯米饭。节日前后的三至四天里，各村寨的人们不能往来，违者要受罚。白族在三月三要祭祀庄稼神，祈祝风调雨顺、五谷丰登。

就如同五月五的端午节也被称为"五月节"一样，三月三也被称为"三月节"。比如在台湾、福建地区，就是如此。清乾隆《台湾府志》记载说："三月三日，采鼠麴草，合米粉为粿，以祀其先，谓之'三月节'。"显然，这个节日的习俗是与清明祭祖相关的。清人郑大枢的《风物吟》就注意到了这种联系："宜雨宜晴三月三，糖浆草粿列先龛。凤头龙尾衣衫摆，踏遍郊坰酒已酣。"

二　三夏劳作忙

立夏日

立夏是二十四节气之一，时间一般在农历四月，公历的 5 月 6 日前后。我国传统把立夏作为春季的结束和夏季的开始，自古就有迎夏、祭神之举，后来又发展出荐新、吃补食之俗，因而形成了一个节日。

在我国传统的节气理念中，"四立"（立春、立夏、立秋、立冬）代表着四个季节的开始，所以古代国家祀典中很早就有迎迓之礼，迎接新的季节的到来，并祭祀主管该季节的神明。夏季在五行中属火，而火属南方，色红，所以要在南郊迎夏，车旗服饰都用红色，歌舞也用属于南方之火的，并祭祀主火的神祇炎帝、祝融。《礼记·月令》就记载了周代时，天子在立夏日亲率三公九卿大夫到南郊迎夏的典礼。《后汉书·祭祀志》对此记载更为明确："立夏之日，迎夏于南郊，祭赤帝祝融，车旗服饰皆赤，歌《朱明》，八佾舞《云翘》之舞。"这种祀典，后代的历朝统治者也大都保持了下来。

炎黄二帝雕像

庄稼忙。杨柳青年画

立夏影响更为广泛的习俗是荐新。荐新也叫见新、献新、尝新。立夏时节，瓜果菜蔬乃至谷物已经长成，可以开始采收。所以民众采来新鲜果蔬，酬谢神灵，敬奉祖先，甚或馈送亲朋，所以称"荐"、称"献"；而"见"则是向祖宗、神明敬献，让他们看到的意思。这也是一种十分古老的习俗，《礼记·月令》就记载说："孟夏之月，农乃登麦，天子以彘尝麦，先荐寝庙。"明人田汝成的《西湖游览志余》也有过记载，至清代以来更为盛行。我国地大物博，因地域和物产不同，各地荐新的形式和物品也呈现出多样性。比如，《清嘉录》说杭州是用三种物品荐新："立夏日，家设樱桃、青梅、穤麦，供神享先，名曰立夏见三新。"而在安徽芜湖地区，则是用大麦、小麦、蚕豆、油菜子、鲥鱼、青梅、玫瑰花、雨前茶、金银花等十种物品来荐新，称"见十新"。

此外，这一天还有吃补食、防疰夏之俗。疰夏是一种暑天的疾患，症状是心烦身倦，体热食少。这实际上是一种暑热时节常见的身心状态，说不上是多大的病，但对工作、生活也影响不少，所以民间以吃补食及其他巫术活动来预防疰夏。吃补食，就是在立夏日吃特定的食品，诸如立夏蛋、健脚笋、五虎丹（红枣、黑枣、胡桃、桂圆、荔枝）、三两半（党参、黄花、当归各一两，牛膝半两）。显然，这些食品之中，有的有药用价值，有的则仅仅是名字贴切而已。更有用隔年撑门炭烹茶喝的，则不过是一种俗信而已。此外，立夏还有秤人之俗，用来和立秋时秤得的重量比较，看在夏天是胖了还是瘦了。

浴佛节

　　我国的传统节日，有许多是和释、道两教相关的。这些节日原本是教徒的节日，但由于教、俗之间的交流，也影响到了民间，进而成为教徒和俗众双重的节日。浴佛节就是这样的节日。

一　佛祖诞辰

　　浴佛节节期在四月初八，佛教说这一天是佛祖释迦牟尼的诞辰，后世为了纪念，届时要仿照释迦诞生时的情景给佛像洗浴，从而形成了节日。

　　释迦牟尼是佛教的创始人，被人称作佛祖或佛。他的生平并不神秘，但佛经关于他的所谓"佛传"，则要神秘也丰富得多。佛传把佛祖的一生分成

佛诞进香

八个阶段，称作"八相成道"或"八相示现"。第一相为下天，即释迦离开兜率天转生。第二相为入胎，即从摩耶夫人左肋入胎。第三相为出胎，即从摩耶夫人右肋出生。第四相为出家，即体味了世间生老病死等苦楚后出家修道；相传时间在二月初八，所以这一天叫"佛出家日"。第五相为相魔，即修道期间克服种种魔障。第六相为成道，即在菩提树下觉悟成道；相传时间在十二月初八，所以这一天叫"佛成道日"。第七相为转法轮，即说法度化众弟子。第八相为涅槃，即在八十岁时侧卧圆寂；相传在二月十五日，所以这一天叫"佛涅槃日"。

那么，佛的诞辰（出胎）究竟是哪一天呢？历史上最起码有过二月初八、九月初八、腊月初八以及四月初八诸说。佛诞固定为四月初八，据说与北宋皇祐年间的圆照禅师有关。当时圆照禅师曾指出，浴佛的日期要依从《摩诃刹头经》之说，该经说："佛告大众，十方诸佛皆用四月八日夜半子时生。所以者何？为春夏之际，殃罪悉毕，万物普生，毒气未行，不寒不热，时气和适。今是佛生日，人民念佛功德，浴佛形象。"从此之后，浴佛专用四月初八。到元代，《敕修百丈清规》亦定四月八日为佛祖释迦牟尼诞辰。明、清再无更易，以迄于今。

二　浴佛行像

浴佛节的主要活动是浴佛，而浴佛之举也多由寺院僧人来举行。而且这种仪俗起源甚早，在佛教进入中土不久之后的东汉就已经存在。《后汉书·陶谦传》说："（笮融）大起浮屠寺……每浴佛，辄多设饭饮，布席于路，其有就食及观者且万余人。"《三国志·吴志·刘繇传》也记及此事。到六朝时代，浴佛活动已经十分流行。唐人韩鄂《岁华纪丽》"浴释迦"条引宗懔《荆楚岁时记》说："荆楚以四月八日诸寺各设会，香汤浴佛，共作龙华会，以为弥勒下生之征也。"南宋的时候，京师临安（今杭州）此俗更盛。周密《武林旧事》记载说："四月八日为佛诞日，诸寺院各有浴佛会，僧尼辈竞以小盆贮铜像，浸以糖水，覆以花棚，铙钹交迎，遍往邸第富室，以小杓浇灌，以求施利。"

寺院浴佛之举，有一套严密的仪规，宋人金盈之的《醉翁谈录》曾详尽记载。其特别之处，概括如下。

首先是佛像。一般殿堂供奉的，多是释迦牟尼的庄严法相，是释迦成人

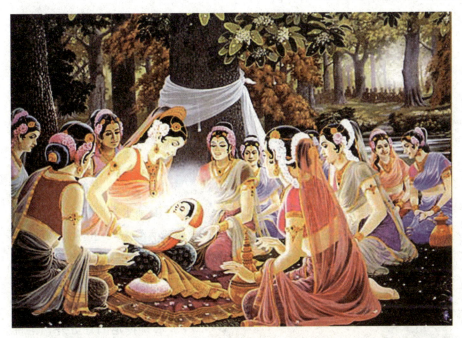

释迦牟尼降生

释迦牟尼苦修

95

得道以后的面貌。浴佛时的佛像则是释迦初生时的形貌，所谓"诞生佛像"。
这种佛像一般一二尺高，用金或铜塑成，也有玉石琢成的。佛像形貌的最大
特点是仿摹诞生时的情形，一手指天，一手指地。另外就是用儿童衣着，上
身赤裸，下身围裙子或穿小裤衩，非汉化佛教还有全身赤裸的。除佛像之
外，附带的还有"金盘"，相传是释迦诞生时接生用的。在汉化佛教寺院中，
诞生佛像只有在浴佛节的时候才请出来，平时则供奉于方丈或佛阁内的隐蔽
之处。

再看浴佛水。佛传说释迦诞生之时，天雨香花，九龙吐水，所以那水是
香气馥郁的。后世浴佛所有的浴佛水也是如此。浴佛水一般笼统地称"香
汤"，《禅林象器笺·报祷门·浴佛》所载的"浴佛香汤方"，由七味药煎成。
《浴佛功德经》所开列的浴佛香汤处方用料更多，达十一味："牛头旃檀、紫
檀、多摩罗香、甘松、川芎、白檀、郁金、沉香、麝香、丁香。"

释迦牟尼像

除了佛像准一定的形制、
浴佛水有特定的处方外，浴佛
行为本身也有一定的法式、仪
轨。浴佛的仪式一般是在佛殿
或露天净地举行。其方法，元代
《敕修百丈清规》的"佛降诞"条
规定颇详，其大致是：先取诸种
香料，剪制浴佛香汤；作方坛，
敷设妙座，把诞生佛像请在座
上；住持上堂祝香、说法，领僧
众上殿上香拜佛宣疏，唱《浴佛
偈》，僧众逐一以小勺把取香汤
次第灌浴佛身，然后用净水淋
洗，其间反复唱偈；最后，参与
浴佛者各取少许洗像水，淋在
自己头上。

浴佛之举，其渊源显然在
于佛祖诞生时受浴的情节。这
一点，佛家曾有明确的解释：

"问：浴佛表何？通曰：象佛生时，龙喷香雨浴佛身也。"当然，浴佛除了它纪念佛祖诞生的意义外，还有净洁佛身的作用，所谓"世尊以法水洗我心垢，今我请佛僧，洗浴身垢"（见《譬喻经》）。

四月八日浴佛节的节俗活动除浴佛之外，还有"行像"。行像和所谓"东岳大帝巡游"如出一辙，也叫"行城"或"巡城"。行像的仪式是：用庄严宝饰的车，载着佛像巡行街市。古代印度的行像不限于佛诞日，玄奘就曾见过连续数十天的秋季行像。近现代汉化佛教压缩到只在佛诞进行。近年来，内地汉化佛教业已以浴佛包代了行像，只是少数民族地区南传佛教系统偶有此举，据说，在日本、韩国、东南亚等地区还在流行这种宗教仪式（参见《汉化佛教与寺院生活》）。

三　结缘放生

浴佛节的浴佛活动由寺院僧人举行，但这并不意味着俗众不参与。实际上，寺院的浴佛活动也多有俗众参加，并要用浴佛水淋头以祈福。此外，结缘是僧俗互动，当然离不开俗众，而放生则更是以俗众为主的活动了。

结缘最初本来指结法缘，即民间俗众接触佛法，与佛门来往，以求超度。后世岁时活动中的结缘，内容则远为丰富，除了结法缘（佛缘）外，还有来世缘、善缘、良缘（姻缘）、寿缘等等。不过，无论结何种因缘，"道具"基本是统一的，那就是结缘豆。结缘豆也叫缘豆，其实就是一般的青豆、黄豆，特别之处只在于它是平时僧人或民间妇女念佛拣出来的。

结缘当然首先是结法缘、结佛缘。旧时，寺院僧人多在四月初八释迦诞辰舍缘豆给香客和行人，以结佛缘。清人潘荣陛《帝京岁时纪胜》记载清代北京的这种习俗

承美放生

97

玳瑁放生

说："（四月）八日为浴佛会。街衢寺院搭苫棚座，施茶水盐豆，以黄布帛为悬旌，书曰：'普结良缘'。"

寺院僧人舍缘豆给香客和行人结佛缘，民间俗众则舍缘豆结来世缘，或者结广义的善缘。民众的这种结缘，实质就是行善积德以图善报。结缘的方式和佛教寺院没有多少区别。结缘总要念佛，拈豆时念佛，食豆时念佛。而所结之缘，除了来世缘之外，还有许多更具体、更现实的，如年方二八的小儿女要的是得佳偶、结良缘，耄耋之年的人则更看重寿而康，他们要结寿缘……

放生与结缘的渊源一样，都来自佛教。佛教规定徒众"戒杀生"，视杀生为最大的罪业，与此相反，便是大力提倡放生的功德。据佛本生故事说，

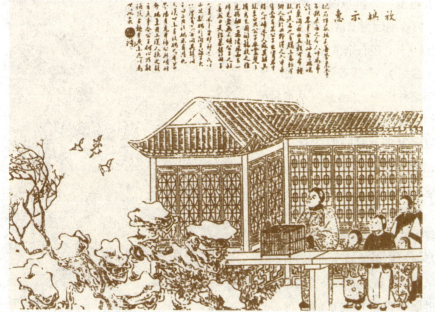

放生

佛祖释迦牟尼在前生就求父亲救过在烈日曝晒下的十千鱼。

　　我国的放生之事，一般认为始于隋代天台宗的创造人智颛，相传他曾在天台山的海边放过生。佛门的放生之举正和儒家的好生之德相吻合，由此也就形成了佛门、朝廷、民间这种圣俗、朝野皆放生的局面。佛门提倡放生，意在建立功德，以图超度，比较纯洁。俗众的放生，不论皇室、官家还是民间，则都以俗情作基础，比如超荐亡灵、为生者祈福祈寿、赎罪悔过等等。地方史志对此曾记载说："四月初八日，俗传为佛祖生日。是日富家出赀买龟鳖及乌鱼放生，谓是日救生一命，能较平日作十万功德。"（《中华全国风俗志·江苏南京》）

竹醉日

　　公历4月13日，是我国的植树节。植树节之所以选在这一天，是因为此时正值春季，植树易于成活。而历史上，也有一个类似的日子，叫竹醉日。

　　竹醉日也叫竹迷日，时间在农历五月十三（也有说在八月初八的）。所谓竹醉，是说竹子像人喝醉了酒一样，沉迷不觉，宜于移栽，竹醉日（也叫"竹迷日"）的名称就是由此而来的。以五月十三为竹醉日并在这天栽种竹子的习俗在南北朝时期就

墨竹

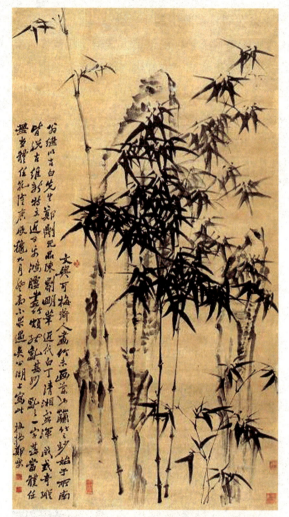

郑板桥绘《竹》

已经形成。后来人们觉得这习俗来得有些突兀，于是又把竹醉日和龙生日联系了起来。宋人范致明《岳阳风土记》说："五月十三日谓之龙生日，可种竹，《齐民要术》所谓竹醉日也。"

竹醉日的节俗活动再简单不过了，仅仅是种植或移栽竹子。这种节俗活动的基础就是人们信念中的竹醉、竹迷。专门谈花草竹木之植种、莳艺的名著《花镜》说："五月十三日为竹醉日，是日种者易活。"更有民谣诵及这种特点："此君经年常清斋，一日不斋醉如泥。有时倒栽过晋地，茫然乘坠俱不知。"其实，这时节栽竹易活是有科学根据的，明代邝璠的《便民图纂》就说：五六月间，旧笋长成新竹，但新根未扎下，所以可以移栽。

那么多的树木，为什么偏偏竹子有一个特别的节日呢？这固然与它本身的特点有关，同时又与世人对它的厚爱有关。从自然美的角度来看，竹有其特异的审美价值，它亭亭玉立，婆娑有致，清秀素洁，"值霜雪而不凋，历四时而常茂，颇无妖冶，雅俗共赏"（《花镜》）。因此，世人普遍地喜爱竹，在把玩欣赏的过程中又赋予它许多社会美的特质，视其为贤人君子。竹有天姿之美，又有品行之洁，受人们厚爱是自然的，于是"人多树以庭除间"，以至于"宁可食无肉，不可居无竹"。由此推而广之，竹醉日的形成也就极其自然了。

浣花日

　　浣花日是一个地方性的纪念节日，也许并不为许多人所知；而倘若你知道了这节日背后那美丽的故事、美丽的女子、美丽的风景——喔，或许还有那伟大的诗人和他那美不胜收的诗歌，到了节期，你也许会奔赴那个美丽的地方，去和当地的人们度过这个美丽的节日。

　　这个节日源自成都，事起唐代。据历史记载，唐代宗大历三年（768），西川节度史崔宁奉召进京，留弟弟崔宽守护城池。这时，叛逆的泸州刺史杨子琳乘机发动进攻，以精骑数千突袭成都。崔宽屡战屡败，眼看城池将要失守。当此危难之机，崔宁的妻子任氏当机立断，拿出家资十万以招募勇士，组织守城部队，并且亲自披挂上阵，麾兵进击杨子琳，重创叛军，致使他们溃败逃窜，解除了成都之围。后来，任氏被封为冀国夫人，民间则称

成都浣花溪

她浣花夫人。

民间之所以称任氏为浣花夫人，是因为她的故事发生在浣花溪畔，而她的祠庙也在浣花溪畔。浣花溪位于成都西郊，是锦江的支流，又叫濯锦江、百花潭。唐代大诗人杜甫的浣花草堂，就建在浣花溪畔。而同在浣花溪畔的浣花夫人祠，始建于五代前蜀时，当时称佑圣夫人堂。宋代时，改建为冀国夫人祠。清代重建，现在仍存。祠中有浣花夫人塑像。

成都人宴游浣花溪的习俗唐代业已形成，它和唐都长安三月三的曲江宴饮一样，都有很浓重的游乐色彩。届期，人们来到这里，或泛舟水中，或宴饮溪畔，鼓吹歌舞，极尽逸乐之能事。相传四月十九是浣花夫人的生辰，所以这一天人们游玩之前要谒访夫人祠，以示缅怀。清人陈祥裔《蜀都碎事》记载此俗说："四月十九日，浣花夫人诞日也。太守出筦门桥，至梵安寺，谒夫人祠，至百花潭，观水嬉竞渡。官舫民船，乘流上下，或幕帘水滨，以事游赏，最为出郊之盛。"据说一向阴霾多雨的成都，每年的浣花日总是晴天丽日。

清代硕儒俞樾的浣花祠联，恰将浣花夫人事迹和邑人宴游浣花溪之俗尽收笔底，联语云：

> 新旧书不详冀国崇封，但传奋臂一呼，为夫子守城，代小郎破贼；
> 三四月历数成都盛事，且选邀头大会，以流觞佳节，作设帨良辰。

 浣花祠

端午节

端午节是我国夏季最重要的节日。它是一个传统节日，但却已融入现代人们的生活。它的主要节俗活动，传承了约两千年，至今仍然盛行不衰。2008年，它又成为我国的法定节日，焕发出新的光彩。

一　端午名实

端午也叫端五，又叫重五（午）、端阳。"端"的意思和"初"相同，称"端五"也就如称"初五"。端五的"五"字又与"午"相通，按地支顺序推算，五月正是"午"月。又因午时为"阳辰"，所以端五也叫"端阳"。五月五日，月、日都是五，所以称重五，也称重午。这样，端午节就有了端五节、重五（午）节、端阳节的称谓了。

不过，端午节的别称远不只这些，概括起来，还有以下这些：

夏节。端午是夏季最大的民间节日，它的节俗活动有许多和夏令有关，并且与夏至时隔较近，故称。

浴兰节。这是唐、宋时人们对端五的称呼。吴自牧《梦粱录》说："五月重五节，又曰浴兰令节。"因为古代有在这一天用兰汤沐浴的风习，故称。

女儿节。旧俗端午少女须佩灵符，簪榴花，娘家又要接女儿归宁"躲端午"，故称。

诗人节。抗日战争时期，当时的文化界人士为了纪念诗人屈原，把这

屈原像

103

个日子定为诗人节。

龙舟节。因端午节有龙舟竞渡之俗，故称。

粽子节。因端午节有食粽子之俗，故称。

二　端午由来

端午节的别称之多，间接说明了端午节俗起源的歧出。事实也正是这样的。关于端午节的来源，时至今日至少有四五种说法，诸如：纪念屈原说；吴越民族图腾祭说；起于三代夏至节说；恶月恶日驱避说，等等。

端午源于夏至说，着眼点是夏、商、周三代的夏至习俗。从传统的端五习俗来看，有很多和夏商周三代的夏至习俗相同，如夏令饮食、服饰、禁忌等。这种解说由时令切入，有一定道理。

端五源于吴越民族图腾祭，这是闻一多先生经考证而建立起来的学说。他认为，古代的吴越民族以龙为图腾，每年的五月五日这一天，他们要举行一次盛大的图腾祭，其中的活动之一就是以刻画成龙形的独木舟水上竞渡，娱神娱己。

恶月、恶日说，这是建立在五月为恶月、五月初五为恶日的民俗信仰基

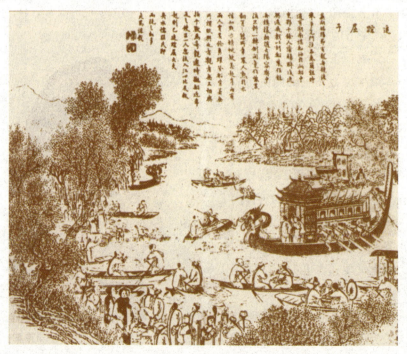

追踪屈子

础上的观点。恶月、恶日是我国较早出现的岁时禁忌习俗。早在战国时代，视五月及五月五日为恶月、恶日的俗信就已经出现，以后一直存在。端午的许多节俗，正是为了辟恶求祥。

迄今为止，影响最广的端午起源的观点是纪念屈原说，这也是如今大众所熟知的观点。

端午节俗的源头尽管有以上诸说，但基本可以肯定的是，原始的端午节和三代夏至习俗以及恶月、恶日的俗信有关。炎夏暑热，毒虫、瘴疠易生，人们易于感染疫病。因此，相应地就要有祓禊、逐除的活动，艾虎、蒲剑、雄黄酒、避兵缯乃至击鼓竞渡等，都有这样的旨趣。相对来说，倒是纪念屈原之旨比较后起，只不过更适合人们的心理而广为流行了。

三 百计避毒

如前所述，端午节始源于祓禊、逐除，节俗方面的表现，就是千方百计地除瘟避毒。方法五花八门，概括来说有浴兰、插艾、挂蒲、抹雄黄、挂五毒图、系端午索，等等。

最早的端午驱除材料应该是兰。兰是一种香草，古人早有以此煎汤沐浴的习俗。在历史的演进中，兰汤沐浴逐渐和端午联系起来，所以端午节别称"浴兰节"。兰汤沐浴之俗，从俗信的角度来看，是为除病驱瘟，从科学的角度看，则可收卫生保健之效。

艾和菖蒲这两种药用植物也是端午除毒的传统材料。端午以艾驱毒之俗古代典籍早有记载。梁宗懔《荆楚岁时记》记云："五月五……采艾以为人，悬门户上以禳毒气。"艾是菊科多年生草本植物，具有

悬艾人

张天师降五毒

一定的医疗价值。艾禳毒气的习俗正是建立在其一定的医疗作用基础上的。这种端午习俗中的艾并不是以单一形式存在的，而是有好几种样式。《荆楚岁时记》提到了艾人，是用艾叶或加艾剪或扎成的人形。又有天师艾，其实是以艾为材料做成的厌胜之物——在泥塑的张天师像上黏艾草胡须、蒜头拳头，放在门上，称"天师艾"。更著名的是艾虎，有的用艾枝艾叶编成，有的则是在布帛剪成的老虎上黏艾叶。端午节饰戴艾虎的风俗已经有千年以上的历史。所以做成虎形，和虎的特性有关。我国古代视虎为神兽，俗以为可以镇祟辟邪、保佑安宁。艾除辟邪外，还被制成饮食以充节物。古有艾酒，即艾叶酒，是用艾浸制成的药酒，俗云饮之可以辟邪祛病。又有艾糕，是加艾制成的糕饼。辽金时代，皇帝在端五节赐艾糕给大臣。后来民间也有制作食用的。

菖蒲与艾相同，也是仲夏时品、端午节物。五月又称"蒲月"，端午则称"蒲节"，这是因为五月菖蒲成熟，而端午又有悬菖蒲于门首或以菖蒲浸制药酒饮用之俗。端午在门户上悬菖蒲，最简单的是折几枝来悬挂，讲究些的则有蒲剑、蒲人、蒲龙等。蒲剑即指菖蒲叶子，因其形似剑而得名。旧时汉族民间以蒲剑为端五厌胜之物，悬于门首。蒲人则是

菖蒲草与艾蓬

用菖蒲棒镂刻而成的小人，端五节插在门头，或佩戴身畔，用以辟邪。蒲酒也叫菖蒲酒、菖华酒、蒲觞，制作的方法与艾酒相同。古代民间常在端五制作、饮用，俗云可避瘟气。

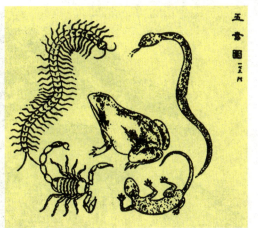

五毒图

雄黄具有解虫蛇毒、燥温的功用，因而也是端午避毒的材料。其方式之一是制作、饮用雄黄酒。雄黄酒或者是在酒中放少许雄黄，或者是以菖蒲末拌雄黄入酒制成，后者亦称菖蒲雄黄酒。雄黄酒除饮用驱瘟避毒之外，又可以涂抹小儿面颊耳鼻，或者洒一些在床帐之上，用意一致。用雄黄酒涂抹小儿面颊耳鼻俗称"画额"，是一项很有特色的仪俗。典型的方法是用雄黄酒在小儿额头画"王"字，一借雄黄以驱毒，二借猛虎（"王"字似虎的额纹，又虎为兽中之王，因以代虎）以镇邪。

踏五毒鞋

以符图驱邪避毒也是端午节的传统习俗。汉代时用的是五色桃印，宋代以后则大行所谓"天师符"。此外还有画钟馗像的。而最突出的是"五毒图"。五毒是民间所指的五种毒虫，即蝎子、蜈蚣、壁虎、蟾蜍和蛇（各地说法不一，不必此五种），俗说图绘或纸剪五毒图挂在门首，就可以辟邪驱祟。

端午节驱邪辟祟的材料中，还有端午索。端午索的许多别称从某些角度又可以分成几类，一类是从材料的色彩着眼，称朱索、五色丝、五彩缕、五色缕、五彩缯等；从辟兵的角度着眼称辟兵缯；从延寿的角度着眼，称寿索、长命缕、续命缕、续命丝、延年缕、长寿线、百索、百岁索；形制特殊一些的还有合欢结、宛转绳等等。不管名称如何；端午索的形制和功用则是大体

107

图说中国节

系彩丝。选自《北京风俗图谱》

相同的。就功用言，一般是在端午节悬于门楣，或戴于小儿颈项，或系于小儿手臂，或挂在床帐、摇篮等处，或敬献尊长，以辟灾除病、保佑安康、益寿延年。它的形制大体有以下几种：一是简单地以五色丝线合股成绳，二是五彩绳上缀饰金锡饰物，三是五彩绳折成方胜或结为人象等，四是以五彩丝线绣绘日月星辰鸟兽等物。这种习俗形成于汉代，历代相承不衰，今天有的地区仍然存在。

四　食粽寄情

　　和屈原有关的另一项端午节俗是吃粽子。粽子也叫角黍，相传它是屈原落水后人们投给他的食品。起初人们只是把饭团子投到江中给屈原吃。后来屈原托人转告乡亲们，说饭团全被蛟龙吃了，以后要投，就用五色丝和楝树叶包裹饭团，这样蛟龙就不敢吃了。由此便有了后来的粽子。也有人说粽子是屈原的姐姐做的。

　　其实，粽子起初并不一定有纪念意义，并且也不固定在端午食用。它与端午的避恶驱毒本来都是一种夏令风俗。俗

108　粽　子

包粽子

谚有"食过五月粽，寒衣收入柜"、"不食五月粽，寒衣不敢送"，可见粽子是一种既可口应时、又标志季候转换的节物。在汉代，还有皇室赏赐百官粽子的习俗。到唐宋，不仅食粽纪念屈原的意义十分明显了，而且它的社交、娱乐意义也长足发展了。

粽子起初本多见于南方，后来也逐渐在北方流行起来，唐宋如此，明清也如此。经过历史的积淀，粽子形成了许多花样，宋人陈元靓《岁时广记》引《岁时杂记》记载说，当时的粽子已达数种之多："端五粽子，名品甚多，形制不一。有角粽、锥粽、茭粽、筒粽、秤锤粽，又有九子粽。"时至今日，粽子还是南北各地人们所喜爱的夏令食品，不仅端午食用，而且整个仲夏时节也多有食用。

粽子之外，端午节的时令食品还有五毒饼、玫瑰饼和藤萝饼等。五毒饼是一种桃酥式的糕点，用模子铸出蛇、蜈蚣、蝎子、蜘蛛和蟾蜍的图案。玫瑰饼和藤萝饼都是利用时令花草为辅料制成的节物。北方有些地区把这种节令食品叫做凉糕，乡俗颇重此物，就像腊八粥一样，如果有暂时外出的人，一定要给他留下一些。这些节令食物，反映了端午节除瘟避毒的原始信仰，也寄寓了浓浓的人情。

龙舟节

　　龙舟节也是端午节的别称，因端午有龙舟竞渡之俗而来。由于龙舟及竞渡有着比较丰富的内容，而且端午节还有一些其他游戏、竞技节俗，因而这里为它们另设专节，以详尽介绍。

一　节俗缘起

　　今天的人们都知道端午节龙舟竞渡是为了纪念屈原，而历史上关于龙舟的缘起还有另外两种说法。

　　其一，起源于越王勾践教习水战或吴越民族图腾祭。宋人高承的《事物纪原》说：“《越地传》云，竞渡之事起于越王勾践，今龙舟是也。”宋人陈元靓《岁时广记》同样引用《越地传》说：“竞渡起于越王勾践，盖断发文身之术，习水好战者也。”现代学者闻一多先生考证指出：“寻常舟船刻画为龙形，本是吴越一带的习俗。和他们的文身一样，龙舟的目的，大概也是避蛟龙之害，这可以从船上图蛟和挂龙子幡得到暗示。……图腾文化消逝以后，文身变相为衣

伍子胥像

服的文饰，龙舟也只剩下图蛟和龙子幡一类的痕迹。但遇到宗教仪或时，古形态中的许多花样往往会全般全现，于是我们便看到穿着模拟文身的彩衣的水手们划着龙舟——一幅典型图腾社会的'浮世绘'。"

伍子胥墓园

其二，起源于迎接潮神伍子胥。伍子胥是春秋时期吴国的大夫，他曾帮助阖闾刺杀吴王僚，夺取王位。阖闾任用伍子胥整军经武，国势日盛，攻破楚国。吴王夫差时期，伍子胥渐被疏远，后被赐剑自杀。伍子胥死后，夫差命人把其尸体盛以鸱夷之器，投入江中。传说伍子胥心有不平，鼓动江波海潮，由此被奉为波神、潮神。而端午龙舟竞渡，就是为了迎接、纪念他。《荆楚岁时记》说："五月五日，时迎伍君，逆涛而上，为水所淹。

颐和园龙舟

斯又东吴之俗，事在子胥，不关屈平也。"

　　尽管竞渡之举早在屈原之前的时代就已经存在，但端午竞渡与屈原关联的说法却更为深入人心，影响也更为广远。相传屈原因受到小人的诬陷而自投汨罗江中，当地人民为了拯救他，奋力划船前去，由此演变为龙舟竞渡的习俗。《荆楚岁时记》说："五月五日竞渡，俗传为屈原投汨罗日，人伤其死，故并命舟楫以拯之，至今竞渡是其遗俗。"同时代吴均的《续齐谐记》也说："楚大夫屈原遭谗不用，是日投汨罗江死，楚人哀之，以舟楫拯救。端阳竞渡，乃遗俗也。"

　　由于龙舟竞渡起源有不同说法，所以竞渡起源的地区也就不同。吴越说当然说竞渡起源于吴越，然而当时四川、河南也有竞渡之俗。而后来的文献记载与诗词歌咏，则以荆楚之地为多。时间也有不同。比如会稽有二月二竞渡的，《月令粹编》引《会稽志》说："二月二日，帅府领客观竞渡。"会稽（浙江绍兴）属吴越之地，时间有别不足为怪。就是荆楚之地明确以纪念屈原为指归的竞渡，也有不在端午节的。明人谈孺木《枣林杂俎》引义集《竞渡》诗说："黄州俗，五月十八日有龙舟之戏，设屈原像及祗候……"不过，大众风气的聚光灯总是投向那些最亮的"明星"，屈原足够资格，所以龙舟竞渡的节俗最后就定格在了端午。

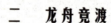

二　龙舟竞渡

　　无论是起源于教习水战，还是起源于拯救屈原，这龙舟总应该是以快为指标，龙舟竞渡正是如此。有趣的是，龙舟也有不追求快的，而是追求装饰

苗族龙舟头饰

的华美、游戏的花样。这种以"戏"为主的龙舟，与以"竞"为主的龙舟，双峰并峙，形成了龙舟节美不胜收的风景。

先说龙舟竞渡。

所谓龙舟，就是刻绘龙的纹样或者做成龙形的木船。从历代图画和实物可知，龙舟一般是船头刻画成龙头，船身绘有龙鳞。所以模拟龙的形象，是因为龙是水中神物，不仅异常矫捷，又可威慑水中邪魔。不过，龙舟也有做成水鸟形状的，叫"飞凫"。用于竞渡的龙舟一般为细长

龙舟竞渡

形，舟身也很浅，以便易于控制方向、快捷划进。时至今日，用于竞渡的龙舟也还基本上是这种模式。

旧时龙舟竞渡颇有一些规律。比如早早就把龙舟髹漆一新，放在龙王庙。竞渡之前，先在龙王庙焚香燃烛，祭祷龙王，然后抬龙舟下水。竞渡之时，虽然各为争胜而来，却不准干扰、冲撞别家的龙舟。有人胜出之后，要热情给以祝贺，不服气则留待来年。

龙舟竞渡以到达终点的先后为胜负，同时也还有其他许多花样。比如"抢标"，是指在划到终点的时候各舟抢夺浮标以定胜负。标有鱼标、鸭标、铁标之分，因其上系有红锦缎，所以也叫"锦标"。另外还有抢夺其他目标物以定胜负的，比较高难的是抢夺铜钱、鸭子，钱入水则沉，鸭下水则游，因此争夺起来不仅十分激烈，也很需要技巧，并且要下水去抢夺。

今天，龙舟竞渡仍然是端午节最为重要的节俗活动，颇能动人心魄；而历史上，这种活动甚至要闹得举国若狂。这里，我们引用唐代诗人张建封的《竞渡歌》来转述其概：

五月五日天晴明，杨花绕江啼晓莺。

使君未出郡斋外，江上早闻齐和声。……

两岸罗衣破晕香，银钗照日如霜刃。

鼓声三下红旗开，两龙跃出浮水来。

棹影斡波飞万剑，鼓声劈浪鸣千雷。

鼓声渐急标将近，两龙望标目如瞬。

坡上人呼霹雳惊，竿头彩挂虹霓晕。

前船抢水已得标，后船失势空挥桡。……

三　龙舟戏游

　　端午节的龙舟活动中，雄健的龙舟竞渡之外，还有柔媚的龙舟戏游。这种发展，其实是历史的必然。龙舟竞渡时间短，直接参与者少，雄健中又不免几分野性，也难与轻歌曼舞配合。大众不甘心只是做一个看客，而且只看短短的一会儿，只看单调的竞赛，于是，龙舟演化出了画船，竞渡转化成了戏游。

　　龙舟戏游相对于竞渡比较晚出，而且多见于东南沿海地区，是随着东南都会的发展而出现的。在唐代，北方和荆楚之地龙舟竞渡的鼓声铿然如雷的时候，在隋朝长足发展起来的扬州，就呈现出了一幅别样的端午景致：不见竞渡，只有泛游；难闻鼓声，多听弦管；奋棹之健儿无踪，歌舞之娇娃映目。

广州"龙船景"

五月竞渡。《雍正十二月令行乐图》之一

115

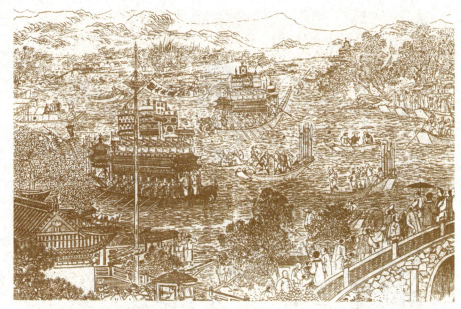

龙舟竞渡

诗人骆宾王在他的《扬州看竞渡序》中说："于时桂舟始泛，兰棹初游。便娟舞袖向渌水以全低，飘扬歌声听清风而更远。是以临波笑脸艳出浦之清莲，映渚娥眉丽穿波之半月。靓装旧饰，此日争奇；弦管相催，兹辰特妙。"南宋时，我国政治、经济、文化中心南移，江浙一带的龙舟之戏更是大为发展，稗史笔记所载可谓不绝如缕了。

戏游时的龙舟，再不是竞渡时那般细长、矮小，而要宽阔、高大得多，舟上甚至有台阁，彩绘、装饰也要华丽许多，所以也叫龙船、画船、画舫。清人李斗《扬州画舫录》、顾禄《清嘉录》记载了扬州、杭州的划龙船之俗，指出龙船中置戽斗，供有"太子"神像，或由长相端正的小孩在船头台阁之上装扮"太子"，而这位太子有的说是屈原，有的则说只是和屈原同姓；船尾又高又长，牵以彩绳，让儿童在其上化妆表演，有独占鳌头、童子拜观音、指日高升、杨妃春睡等关目。到了夜晚，岸上华灯高照，船中灯彩映射，水中波月摇白，尤为可观。而这一切，组合成了独特的"龙船市"。

晚于江浙发展起来的广州，也有类似的龙舟戏游，叫"龙船景"。这龙船景，实际上是一种龙船表演。每到端午期间，各乡龙船汇聚而来，在指定的水域自由划行，时快时慢，表演各种技巧，一处结束，转赴别处，这样的表演一直要到五月二十左右才结束。

四　射柳击秣

我国的每一个传统节日，都有娱乐活动伴随其间，端午节也不例外。除了斗草和龙舟竞渡之外，端午还有射柳、击毯等游戏娱乐活动。

射柳也叫躜柳、斫柳、剪柳等，一般认为是我国北方少数民族的一种端午习俗，源于辽代，金、清沿袭。实际上，这种习俗在宋、明两朝也存在，而且活动的情况与目的也基本相同；而在宋代以前，唐代已有端午射粽之俗。

唐代的端午射粽，也叫射粉团，是一种宫廷节日游戏。粽子本来是食用的，平民百姓没有谁会拿它来玩。宫里就不同了，想要几多粽子来玩玩，谁人管得？射粽所用的粽子是圆形而较小，钉在金盘中。宫人用小角弓架箭来射，射中者得食此粽。由于小圆粽滑腻的，小角弓的准头、力道也差，所以射中颇为不易，因而也就多了几分趣味。上行下效，后来不仅宫里，唐都长安的贵族高官也盛行这种游戏。

源于马背民族的射柳，要比射粽豪健多了。它既是一种游戏，也是一种竞技，可以锻炼参与者的骑射能力和水平。《金史·礼志》详细记述了射柳的方法：在空场插两行柳枝，在离地数寸的地方削去树皮露出白色，并在柳枝上系丝帕，作为谁射某柳的标志。射柳时，先用一人骑马前导，射者驰马而出，用无羽横镞箭射柳。水平的高下，以射断柳枝而又能用手接住的为上，射断没接住的次之，射中而不断或射不中的为负。每次有人出射，都要擂鼓助气。

宋王朝的射柳则在军中进，大概情形与《金史》所记相同，但程大昌《演繁露》中关于几个细节的描述，可以让我们对这种习俗有更为准确的了解："折柳环插球场"，柳枝是绕圈插的，所用场地小，

射柳雕塑

端午打马毬

骑射难度大，同时也便于观赏检阅；"其矢镞阔于常镞，略可寸余"，这把《金史》的横镞细化了，也增加了射而能中、断而能接的可信度。

明、清京师"沿金元之俗"，"仍修射柳故事"，没有什么新鲜的，只是增加了一个新名称"走骠骑"。而明末边患连年，所以军中颇为看中射柳之举。明人褚人获的《万历野获编》记载说："京师及边镇最重端午，至今各边，是日俱射柳较胜，士卒命中者，将帅次第赏赉。"我们说许多的传统民俗活动并非可有可无，于此可见一斑了。

前述射柳提及"插柳球场"，这球场当然不会是今天的足球场，也不是唐宋时曾十分流行且被世界公认为足球前身的蹴鞠的场地，而是击毬场。

击毬也叫打毬、击鞠，与今天的马球相似。打马毬是一项古老的娱乐活动，三国时曹植的《名都赋》就有过描述，在唐代更是兴盛，唐玄宗就是个马毬高手。不过，打毬成为端午节的一种节日娱乐活动，则始于金代。《金史·礼志》在记述射柳之后写道："已而击毬，各乘所常习马，持鞠杖，杖长数尺，其端如偃月，分其众为两队，共争击一毬。先于毬场南立双桓，置板，下开一孔为门而加网为囊。能夺得鞠，直入网囊者为胜。毬状如小拳，以轻韧且柆其中而朱之。"金人的这种风俗，也像射柳一样，被明清各代所衍传。《析津志》记载的清代击毬之举，与金代大体相同，只是毬换成了皮缝软毬，毬杖也特别指出为"长藤柄毬杖"而已。

浴兰节

屈原《楚辞》让人心醉神迷的原因之一，就是他对花花草草的亲近。在屈原那里，仿佛各种花卉都具有了灵性，他用她们装点自己的生活，表达自己的情思，自朝至暮，自春徂秋，日日相随，年年相伴。其实，何止屈原，古人的风流蕴藉远远超出了我们的想象。屈原在《九歌·东皇太一》里说"浴兰汤兮沐芳"，而浴兰在当时正是士大夫乃至平民百姓的一种时令风俗，而且后来发展成了一个优美的节日——浴兰节。

一　兰汤沐浴

以兰草汤沐浴，在我国古代是一种古老的风俗，人们认为如此可以清洁身体，驱邪除病。屈原作品中的"浴兰汤兮沐芳"基本上指出了浴兰的功用，但没有指明时节，而《大戴礼记·夏小正》则明确指出是在五月："五月……煮梅为豆实也，蓄兰汤为沐浴也。"后来，浴兰之俗的时间进一步明确，固定在了五月初五，并成为一个节日。南北朝时期的岁时民俗专著《荆楚岁时记》说："五月五日，谓之浴兰节，荆人并踏百草，并有斗草之戏。"由此，人们把浴兰节当作端午节的别称，把浴兰当成了端午的一项节俗。唐人韩鄂《岁华纪丽》说："端午，角黍之秋，浴兰之月。"宋人吴自牧《梦粱录》说："五月重午节，又曰浴兰令节。"

端午兰汤沐浴，根源于所谓恶月、恶日之说。古时，人们认为五月

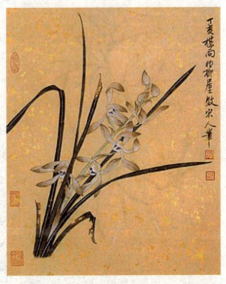

兰草图

119

是恶月、毒月，五月初五是恶日。在这样的月份、这样的日子，自然多有禁忌，甚至忌讳到五月初生的孩子不能要。战国时期以养士闻名的孟尝君生在这个日子，他的父亲要把他扔掉，是母亲私下里把他抚养成人的。遗弃"五日子"，这事儿似乎有些不可思议，孟尝君等不少历史名人的经历也证明了这种迷信的无稽；而兰汤沐浴并不是什么难堪的事情，所以人们就甘心从俗，把它承袭下来。到了唐宋，端午浴兰之俗颇为盛行，屡屡见诸诗人词家的作品，比如，苏轼诗词就有这样的句子："喜辰共喜沐兰汤，毒沴何需采艾禳"（《皇帝阁四首》）；"兰汤荐浴，菖花酿酒，天气尚清和"（《少年游·端午赠黄守徐君猷》）。

当然，兰汤沐浴并非文人雅士们的专利，平民百姓也多有此举。同样，兰汤沐浴的保健效果也不能否认。古代医书曾特别提到过浴泽兰的药用功效，《本草纲目》就说："（泽兰）今处处有，多生湿地，叶微香，可煎油，或生泽傍，故名泽兰，亦名都梁香。可作浴汤，人家多种之，今妇人方中最急用也。"因此，端午兰汤沐浴的习俗一直在我国流传着，而且浴汤所用花草不只兰草，而是百草入汤。由此，也就生发出了采百草这样的实用之举和斗百草这样的游戏之俗。

二　采药斗草

兰汤沐浴只是端午节医药风俗的冰山一角，此外的医药活动要多得多，甚至要以"百"来概括，称作"采百药"、"采百草"（采杂草）。

为什么人们要挤在端午节这一天去采药呢？传统中药理念认为，中草药的药效与其生长、采集的时令密切相关，适当时令采来的草药才最有疗效，否则就会减弱或丧失药用价值。传统习俗认为端午节期间最宜采药，此时采来的药效果最佳。据古代药典记载，仲夏五月所采用的艾草，用于针灸，疗效最佳。早先夏季采药并无固定日期，只说是仲夏

艾草

北苍术

五月，《大戴礼记·夏小正》就说："此月蓄药，以蠲除毒气。"后来民间极端化地将采药固定在了端午节。《荆楚岁时记》说："是日竞渡，采杂药。"《梦粱录》也说："此日采百草或修制药品，以辟温疾等用，藏之果有灵验。"

端午所采的药草，除了艾草之外，还有菖蒲、苍术、车前等；除了采药草之外，还采制动物药，那就是蟾蜍，由此而形成了与采药并行的端午医药习俗捕蟾。相传端午捕到的蟾蜍最有药用价值，到初六就没有效用了，所以俗谚有"六日蟾蜍乖世运"。而关于端午蟾蜍的

价值，有说是能治疮、治疳的，有其科学性；有说能延寿的，或许也有些道理；更有说能辟兵（刃）的，恐怕就属无稽之谈了。

端午节不仅采药草，而且还踩踏百草，叫踏百草或蹋百草。这种习俗在南北朝时期就比较流行了，《荆楚岁时记》有过记载。唐宋社会生活繁荣时代，这种风气最为盛行。到了清代，这种风俗仍然存在。康熙十三年湖南营田《李氏族谱》说："端午日晨，田夫赤足于草中行，尽沾露水，谓之踏草露水，以祛泥中湿热之气，去夏秋疮痛之苦。"

其实，踏百草是采百药的自然延伸：端午大清早就出去采药，

端午斗草

童戏斗草

自然免不了踩踏野草，自然免不了沾濡露水。而同样由采百药自然延伸的还有斗百草。斗百草也叫斗草，就是各人拿自己手中所采到的草来比斗，或比数量多少，或比草茎韧性，或对花草名。这种游戏多见于儿童之间和闺阁之中。唐代大诗人白居易的诗就写过这种游戏："弄尘复斗草，尽日乐嬉嬉。"（《观儿戏》）同时代的刘铄也记载了这种游戏："安乐公主五日斗百草。"《红楼梦》里的姑娘们琴棋书画无所不能，丫环小厮们则对诸般游戏也大多娴熟，六十二回就写到了香菱等人的斗草之戏：

大家采了些花草来，兜着坐在花草堆里斗草。这个说："我有观音柳"，那一个说："我有罗汉松。"那一个又说："我有君子竹"，这一个又说："我有美人蕉。"这个又说："我有星星翠"，那个又说："我有月月红。"

女儿节

女儿节在我国的众多传统节日中，算不上一个响亮的节日；它的节期也不一致，有四月八、端午、六月六、七夕、重阳等好几个日子。但尽管如此，

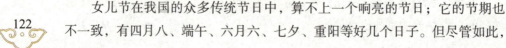

它还是有着一定的民俗信仰基础和指归，有着大体统一的节俗，而且还专门指向一定的人群，似乎也不容忽视。

四月八作为女儿节，在一些少数民族地区也叫"姑娘节"，出嫁的女儿都要回娘家，共同制作乌饭糍粑，返回婆家时带乌饭分赠亲友。

端午作为女儿节，有少女佩灵符、簪榴花的习俗，娘家又要接出嫁的女儿归宁"躲端午"。明人沈榜在其《宛署杂记》中说："五月女儿节，系端午索，戴艾叶、五毒灵符。宛俗自五月初一至初五日，饰小闺女，尽态极妍。出嫁女各归宁，因呼为女儿节。"

女儿节

六月六作为女儿节，要"请姑姑"，就是请出嫁的姑娘回娘家，俗谚所谓"六月六，请姑姑"。据传这与春秋战国时期晋国宰相狐偃改过的故事有关，民间接女儿回家过节有改过、解冤的意义。

七夕作为女儿节，有少女乞巧、拜织女等种种节俗活动，还有听老人讲牛

回娘家

图说中国节

回娘家。吕梁地区中阳民俗剪纸

郎织女故事、在豆棚瓜架下听牛郎织女相会情话的习俗。这个节日是女性的节日，所以被称作女儿节，也叫"少女节"。

重阳作为女儿节，有娘家接出嫁的闺女归宁的习俗，所以叫女儿节。其中一种说法是请女儿回家食重阳糕，称作"迎宁"。俗谚有云："九月九，搬回闺女息息手。"

女儿节也叫"姑娘节"，节俗的核心内容，是接出嫁的女儿归宁。为何要接女归宁呢？旧时早婚，女儿家年龄不大就嫁入夫家，而由于礼教的规定，媳妇侍奉舅姑不能不勤快、谨慎，难免有郁闷、劳倦之感。逢时过节，娘家接女儿归宁，回娘家的女儿自然轻松自在一些。民俗正是用这种岁节活动，调适了某种社会关系。

既然女儿在娘家自在一些，为什么不能常接常往呢？这又与人情事理不符。就事理而言，出嫁女儿要侍奉公婆、相夫教子；就人情而言，女儿又要与女婿常相厮守才能琴瑟调和。所以，民俗又规定出嫁女儿在某些时节必须回婆家，比如冬至回去履长，除夕回去以便"正月不空房"。正是由于整个正月女儿都不能在娘家住，所以二月二龙抬头日也有接女归宁之俗："二月初二日，俗谓龙抬头，有出阁者，均于中日归宁，谚云：'二月二，龙抬头，家家接女诉冤仇。'"

夏至节

夏至是二十四节气之一，与冬至相对。虽然夏至日没有冬至日那么多的

插秧。清《耕织图》之一

习俗活动，但也自古就有国家祀典，民间也有吃夏至面等习俗，所以也被人们当成与冬节相对的节日——夏节。

夏至是夏季的第四个节气，是二十四节气中的"二至"之一。二至与二分（春分、秋分）都是季节的中分点，而所以称"至"，是出于昼夜长短的考虑。夏至太阳几乎直射北回归线，北半球所受日照时间最多，白昼最长，其后逐渐变短。古人把这种自然现象与阴阳五行理论结合，解释说："夏至为中者，至有三义，一以明阳之气之至极，二以明阴之气之始至，三以明日行之北至，故谓之至。"（《三礼义宗》）东汉班固《白虎通》也说："夏节昼长，冬节夜长。"

我国早在周代，夏至就有相应的国家祀典。《周礼·春官》有过记载："以夏日至，致地方物魅。"《史记·封禅书》也说："夏日至，祭地祇。皆用乐舞，而神乃可得而礼也。"可知当时夏至所祭的是土地神；其作用是禳除疫疠和饥馑，而这正与土地神的职掌一致。这种祀典历代沿袭，比如清代就有夏至大祀方泽之举。

夏至节的民间习俗，主要是吃夏至面。这种习俗主要流行在北方，人们认为夏至吃面可以祛病健身。由于地方风土不同，吃面之俗也小有差异，比如老北京要吃过水面："是日，家家俱食冷淘面，即俗说过水面是也。……

击鼓祈晴

女十忙

谚云：'冬至馄饨夏至面'。"（《帝京景物略》）而在南方的一些地区，夏至要吃薄饼夹青菜腊肉等，说是如此即不会疰夏。

作为与农事密切相关的节气，夏至自然也有关于这方面的习俗。夏至时庄稼生长旺盛，杂草病虫也迅速滋长蔓延，所以农人力务中耕除草，农谚有

"过了夏至节，锄地不能歇"之说。同时，农家又把夏至的十五天分为三段，称"三时"，头（上）时三天、二（中）时五天、末时七天，忌讳每时的最后一天降雨，否则对庄稼不利。此外，夏至也有秤人之俗，这与防疰夏一样，是立夏和夏至都有的习俗。

分龙节

　　分龙节是一个与自然现象和龙王信仰有关的节日，时间一般在五月二十，届时龙兵分域行雨，民间以此日是否下雨占验一年晴雨，更有救火演习之举。

　　民俗信仰认为，龙主行云布雨，冬春少雨，诸龙集中在一起；夏秋多雨，诸龙需分头出动，掌管各区域的降雨之事。分头行动的时日，在五月二十，所以这一天叫"分龙日"。此外，分龙日还有四月二十、夏至后诸说。《占候书》说："两浙以四月二十日为小分龙，五月二十为大分龙。闽俗以夏至后为分龙。"北京则在五月二十三，《燕京岁时记》说："京师谓五月二十三日分龙兵。盖五月以后，大雨时行，隔辙有雨，故须将龙兵分之也。"

　　分龙之俗在宋代已经形成，《埤雅》和《避暑录话》都有记载。分龙又有小龙离别老龙、龙王调兵遣将之说。前者是说，此前老龙、小龙同在一

龙王。民间年画

龙王庙

龙王铜像

处，此日则小龙离别老龙，去自己管辖的区域发号施令。后者是说，龙王分派诸龙将带龙兵，到各自管辖的区域履职。

龙主行云布雨，自然分龙日的晴雨可以占验一年的阴晴雨旱了。旧俗认为，"是日雨，为久雨之兆；不雨，为久晴之兆"（《津门杂记》）；而分龙节次日有雨，则主多雨。《清嘉录》引蔡云《吴歈》说："偶凑分龙得新雨，山村水满说年丰。"而多雨、少雨，民众又认为在于当地是分到了勤龙还是懒龙，分到勤龙自然多雨，甚至成涝；分到懒龙，难免少雨，堪至大旱。

分龙节之后的雨，俗称"隔辙雨"或"分龙雨"，就是说，仅隔一道车辙，两边的晴雨就会不同。这是一种许多人都有过体验的自然现象，气象科学已经作出了解释——一种地方性的热阵雨。

不过，旧时民众给出的解释，则是因为分龙的缘故。宋人陆佃《埤雅·

释天》说："今俗五月谓之分龙雨，曰隔辙，言夏雨多暴至，龙各有分域，雨
旸往往隔一辙而异也。"

旧时江南地区还有分龙日演习救火之俗，把民俗信仰与现实生活结合了
起来。《浙江风俗简志》说："俗重五月二十分龙会，各救火会的火龙都要当
众演习，相互比试。"有诗云：

节届分龙演水龙，一班铜鼓领前锋，

仗排后队旗明彩，百道长波喷雨浓。

雨 节

雨节是我国传统节日中唯一以
自然现象命名的节日。不过，这个节
日并非雨的生日，也不是用来纪念天
神雨神的。那么，这个节日由何而来、
有何用意呢？

众所周知，我国数千年来以农业
立国，而这农业又一直是园艺式农
业，庄稼丰收靠地利，更仰赖天时。
所以，阴晴雨旱对农业生产至关重
要，在人们的心中也就格外有分量。
人们创造了雨师、龙王等等来奉祀，
也格外关注雨旱的情形。农历五月，
是庄稼收获好坏的关键时节，所以人
们注意到了所谓"分龙雨"，也设置
了驱除旱魃的雨节。

旱魃是主旱的怪兽，它到哪里，

雨 师

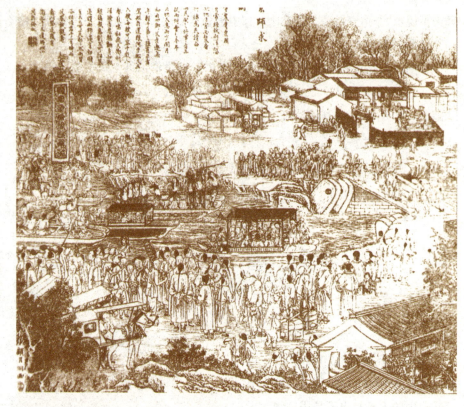

京师求雨

哪里就会大旱。驱除旱魃当然不是普通人所能为，而它正是被关羽所降服的。相传宋代真宗的时候，旱魃肆虐，久旱不雨，湖里的水都给晒干了。宋真宗没有办法，求助于张天师，张天师派关公去降旱魃。关公苦战七天，终天降伏了旱魃，天降霖雨。由此，人们把关公的诞辰五月十三当作雨节。相传五月十三又是关公单刀赴会期，为赴单刀会，这一天关公要磨他的青龙偃月刀，而关公磨刀之时，天公必定降雨给他做磨刀水，这雨叫关公磨刀雨。鉴于关公曾降伏旱魃及磨刀需要磨刀水，所以民间信仰相信五月十三这天一定会下雨，无论旱了多久，到这一天也会普降甘霖，因而民谚有"大旱不过五月十三"之说。

不过，既然雨节之雨与关公有关，民众当然不会被动地等待下雨，而是需主动地祈祷关公，求其显灵降雨。由此，也就形成了十分隆重的关帝庙会，演戏祀神，祈求关公保佑一方风调雨顺，五谷丰登。

半年节

　　顾名思义，这是一个一年中时间过去一半的时候所过的节日。节期在六月初一，也有在六月初六的。节俗活动总称"过半年"（也有叫"过小年"的），具体包括敬天、祭祖、走亲戚等。

　　关于半年节的起源，大多说是为了消灾化难而提前过年。传说的大概情节是：某地闹瘟疫，死病甚多。有仙人点化（瑶族传说是老人听到瘟神之言），说是此灾非过年不能消灭。可当时正值五月中旬，离过年尚早，如等到十二月过年，恐怕阖邑民人都要死尽。于是大家议定，六月初一（瑶族等少数民族在六月初六）仿照元旦之例过年，借此免灾。结果，瘟疫真的消灭了，而从此人们也就形成了过半年的习惯。

　　半年节传说起源于提前过年规避瘟疫，有自然状况的因素——五黄六月，暑热极盛，正是瘴疠侵入的时节；更多的恐怕是庆贺夏收、农间休息、

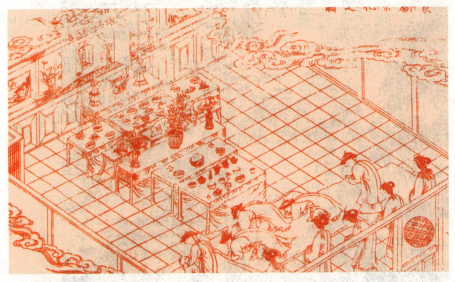

祭祖图

圖說中國節

六月纳凉。《雍正十二月令行乐图》之一

132

联络戚谊的因素——到农历六月，大多数地区夏收已毕，农事稍闲，瓜果蔬菜丰饶，而亲戚们又有好长一段时间不走动了，天神、祖先也有一段时间没祭祀了。总之，无论如何，都需要一个日子来放松自己，调适人天、人神以及人与人的关系，于是，半年节就产生了。

半年节的节俗，有模仿年节的成分，但更多的节俗则是与时令密切相关。与年节相类似的节俗，有敬天、祭祖、吃饺子、走亲戚。《中华全国风俗志》记载这种风俗说："宁津人民，每逢阴历六月初一日，家家皆食馄饨，名为过半年。"山东《莱阳县志》也说："六月一日，食水角，谓之过小年。"与时令有关的节俗，则是荐新、尝新，即以新粮新果等敬祭神灵、祖先，馈送亲友等。

瑶族过半年的节俗活动则要热闹多了。为了哄瞒瘟神，家家户户都要杀鸡杀鸭，宰猪宰羊，敲锣打鼓，放响鞭炮。同时，人们还要在田野里撒石灰表示下雪，把葫芦削成萝卜形状再染成红色充当红萝卜（瑶族人过年有吃红萝卜之俗）。总之，一切做得就像真的过年。结果，这一年的庄稼因田里撒了石灰，长得格外壮实，也没有虫害，大获丰收。从此，瑶族人就把在六月初六过半年的习俗沿袭了下来。

六月六

在传统习俗生活中，六月初六是一个重要的日子，有诸多节俗，涉及朝野、僧俗。上到朝廷命官、下到小民百姓、寺院僧人，都要参与，甚至波及猫猫狗狗。

六月六的节俗可以概括为晒和洗，它们都与伏天闷热受潮易霉的节令特点有关。在过去，防霉防烂，方法就是晒和洗——衣要晒，书要晒，特殊的书——佛经也要晒，怕霉的都要晒；人要洗，象要洗，猫狗也要洗。

一　曝书晒衣

六月六的曝晒活动是十分广泛的，寺院丛林有之，田舍俗众亦有之；宫

佛寺晒经

廷有之，民间亦有之；文人雅士有之，商家村妇亦有之。所曝晒的有书籍、佛经、衣物乃至宫廷的仪仗、皇帝的龙袍。正因所晒各异，六月六也才有许多称谓，诸如曝书节、晒衣节、晒经日、晒龙袍日等等。在民间，主要是曝晒衣物、布帛等用品，防止霉烂，所以叫"晒霉"。旧时的商家也在这天曝晒店里的布帛、皮革等容易受潮发霉的货物。旧时，京城商家六月六大晒特晒的是估计铺、皮货铺、轿铺等。估衣铺晒衣服，皮货铺晒皮货，轿辅则晒轿围子绣片、执事旗伞、鼓围子、桌围子、轿夫衣帽等等。此外，一般储藏粮食的人家还要在这天晾晒粮食。清宣统元年补刻本河北《新河县志》记载："六日，

宫廷曝书

石景山晾经台

男出书籍，女出针绣，曝于庭。积粟之家，亦多曝杂粒于院，谓之'曝蠹鱼'。"《帝京岁时纪胜》也说："内府銮驾库、皇史宬等处，晒晾銮舆仪仗及历朝御制诗文经史，士庶之家，衣冠带履亦出曝之。"

六月六这个"曝晒节"除曝晒日用物品以外，还有一个特殊的对象——书籍。地方志、风土记等对此多有载记，诸如"（六月初六）相传为晒龙袍之日。凡有藏书者，皆于是日晒书"（《中华全国风俗志》）等。与民间曝书相对，寺院丛林这一天还有晒经的活动，称"晒经会"、"翻经会"。因此，六月六又有晾经日、佛寺晒经日之称。这种习俗的起源，一说是佛祖释迦牟尼曾于此日曝晒经书；一说玄奘从西天取经归来，途经海上，坠入海中，经书为水所湿，故有晒经之举。这一天，除晒经之外，寺院尚有礼佛、诵经仪式，故又称"晾经法会"。据记载，旧时北京善果寺此俗颇盛。届期，僧众举行礼佛、诵经的仪式，如果天气晴朗，还要将所有佛经从藏经楼搬出来，一一平铺在院里的条案上，将经书打开，用经拨子支起来使之通风。同时，所有袈裟、僧衣亦同时搭挂院内，一并晾晒。

二　洗象浴犬

夏天和沐浴是必然要联系在一起的，三伏更是如此。既然要联系，民众

洗象图

也就必定拿出一个理由来，给出独特的解释。旧时人们认为，六月初六妇女沐发，可以收到"不腻不垢"的长期效果。《万历野获编》说："六月六日，本非令节。时俗妇女多以是日沐发，谓沐之则不腻不垢。"而是否真能收到长期效果，却已经不是民俗信念所应承当的义务了。

大概正是人的行为的延长吧，夏季洗浴之俗也泽被猫狗。在江南地区，人们把妇女沐发不腻不垢的六月初六称作"猫狗生日"，而给猫狗最好的生日贺礼，就是让它们在河里洗澡。明人田汝成《西湖游览志余》说："六月六日，……郡人异猫狗浴之河中，致有汩没淤泥，踉跄就毙者，其取义竟不可晓也。"而清人顾禄《清嘉录》则对六月六浴猫犬给予解释，他说："谚云：'六月六，狗贵浴。'谓六月六日牵猫犬浴于河，可避虱蛀。"这里，"可避虱蛀"就成为习俗活动的信仰基础。

六月六更为壮观的洗浴活动是洗象，它不是民间的，而是官方的。明清时，宫廷有豢养大象的规制，以供皇室活动所用。平时，这些象被精心豢养，遇有皇室活动，则用于仪典。每到三伏日（富察敦崇《燕京岁时记》称六月六日），宫廷便组织盛大的洗象活动。这种宫廷风俗在明代已经极其盛大。刘侗、于奕正《帝京景物略》记云："三伏日洗象，锦衣卫官以旗鼓迎象出顺承门，浴响闸。象次第入于河也，则苍山之颓也，额耳昂回，鼻舒呵吸嘘出

洗象。《唐土名胜图绘》之一

水面，矫矫有蛟龙之势。象奴挽索据脊，时时出没其髻。观者两岸各民众，面首如鳞次贝编焉。"清代浴象在宣武门外西循水滨进行，也极其隆重。因此有诗人歌咏道：

> 宣武城南尘十丈，挥汗骈肩看洗象。
> 象奴骑象游玉河，长鼻卷起千层波。
> 昂头一喷一天雨，儿童拍手笑且舞。
> 舞且笑，行骞骞。日暮归来洗猫犬。

天贶节

天贶节的节期也在六月初六，但与曝晒、洗浴等节俗没有多大关系。所以我们把它当作另外个节日来对待。它只是存在于历史上的一个官家的节日，不过，对于说明节日的生成等倒颇为有趣。

宋真宗像

搞的鬼把戏，只是没人戳穿
罢了。

天书再降的日子，是六
月初六，这自然是个值得纪
念、庆贺的日子，所以宋真宗
定它为天贶节，并命令京师
断屠一天，率领文武百官到
上清宫行香。《宋史·真宗
纪》："真宗四年，诏以六月六
日天书再降日为'天贶节'。"
只是这个节日只风行了真宗
一朝，以后就销声匿迹了。后
世天贶节之名依然存在，但
节俗与"天贶"毫无关系，有
的只是曝书晒衣、洗猫浴犬。

所谓天贶，也就是天赐。天赐
了什么呢？书；而得到上天赐予
的，则是北宋的真宗皇帝。据史书
记载，宋真宗在与契丹签下了屈辱
的澶渊之盟后，心里比较郁闷，总
想做些"大功业"来雪耻。这时，投
降派宰相王钦若给他出主意，说是
如果得到天瑞，就可以威震四海。
于是真宗伪说梦见了神人，要有天
书从天而降。果然，景德五年正月
天书降，六月天书再降。为此，朝
廷还在承天门举行了受天书仪式，
命内侍登上屋顶，取下预先放好的
天书。这天书叫《大中祥符》，共三
篇，此后真宗的年号也就改成了大
中祥符。而实际上，这都是王钦若

铸有"大中祥符"年号的镜子

鲁班节

传统节日中，有不少是纪念历史人物或传说人物的。有时，这样的日子并不以"节"来命名，而是以"某某诞"来命名。这样的纪念性诞辰，在我国的岁时节令中有许多，尤其是关于神仙们的。鲁班在民间算得上一个响当当的人物，所以鲁班的诞辰也就成了节日。

鲁班是历史上真实存在过的人物，生活在春秋时代，姓公输，名般。他是当时的能工巧匠，技艺十分高超。从《墨子》等先秦古籍中我们可以知道，公输般曾

鲁班先师

经为楚国制造打仗用的云梯、钩强等武器。公输般的这些事迹，为他成为木石泥瓦行业信奉的祖师打下了基础，但却还不够神奇。所以，后来民间把他的事情越传越神，许多工具的发明、建筑的建造都一古脑儿堆到了他的身上；而且还给他改了名、换了姓——他是鲁国人，所以让他姓鲁，他的名则由"般"改成了"班"。

历史上的公输般经过附会、敷衍，渐渐失去了人的身形，罩上了神灵的光环。自从被许多行业奉为祖师以后，民间每年都有纪念、享祀他的活动。平常一些的，是挂一张"鲁班先师画像"，烧香礼拜。此外，各地还

鲁班殿

鲁班爷修赵州桥

建有不少鲁班殿(也叫祖师殿、鲁班庙、公输子祠、鲁班先师祠)，不仅常
有香火奉祀，木石行业的议事、订规、工价、收徒等也在此处进行。据史
料记载，庙祀鲁班的习俗活动大约起源于明代。《鲁班经》说：

　　　明朝永乐间，鼎创北京龙圣殿，役使万匠，莫不震悚。赖师降灵

鲁班祠

指示，方获落成，爰建庙祀之，匾曰："鲁班门"，封"侍诏辅国大师北成侯"，春秋二祭，礼用太牢。今之工人凡有祈祷，靡不随叩随应，诚悬象著明而万古仰照者。

纪念享祀鲁班的活动，最隆重盛大的是鲁班诞辰的"鲁班圣会"。鲁班的诞辰，相传是农历六月十三（也有说是五月初七的）。旧时，北京的泥瓦、木石、棚彩行业同人，这一天要在极乐林"摆斋"，祭祀祖师。届时，本行业组成的花会、太狮、少狮等要献艺酬神；庙前陈设火壶茶会，招待同行业工人和香客饮水；此外有商贸活动，居民参观，形成庙会景象。而广州、香港等地也有这种习俗，《中华全国风俗志》记载广州此俗说："（六月）十三日，俗传为鲁班先师诞。建筑家及水木工匠最敬奉之，是日休业庆祝，亦有建醮巡游之举。"

对于那些为我们民族的物质文化和精神文化做出过贡献的人们，给以景仰和奉祀，甚至为他们设定一个节日，使我们的节日具有了一种独特的意义。历史上的人们这样做了，今天的我们依然在这样做。

观莲节

　　有关百花的节日，是二月十五的花朝，那一天也被称作百花生日。偏偏莲花却不生在那天，而是生在六月二十四（一说六月初四），所谓"不向百花生日生"。而在这个莲花诞辰（简称莲诞，俗称荷花生日），历代又有赏莲、观莲之举，所以又叫观莲节。

　　莲花是睡莲科水生宿根植物，它有许多别名，诸如荷花、水芙蓉、芙蓉、菡萏、藕花、水华、水旦、水芸、水芝丹等，其中常用的有荷花、菡萏。莲花具有高洁的姿质，历来被古人所赞颂，称它为"花中君子"。《群芳谱》说："凡物先华而后实，独此花实齐生。百节疏通，万窍玲珑，亭亭物华，出于

南宋出水芙蓉图

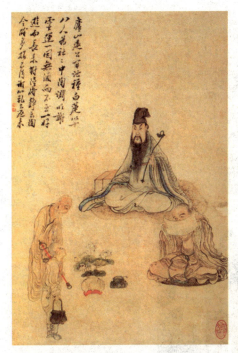

庐山观莲图

淤泥而不染，花中之君子也。"当然，对莲花姿容、品德概括最好的是周敦颐的《爱莲说》。正因为莲花姿质并佳，所以我国早就有夏日赏莲之举，这也就是观莲节的主要节俗活动。

所谓"莲诞"的六月二十四日，时值盛夏，也正是莲花次第开放的花期，此时，人们邀朋唤友，荡舟荷塘，纳凉赏荷，是最惬意的夏令清赏活动了。旧时，这种活动以苏州为最。《吴郡记》

称观莲为"苏人游冶之极"："荷花荡在葑门之外，每年六月二十四日游人最盛。画舫云集，露帏则千花竞笑，举袂则乱云出峡，挥肩则星耀月流，闻歌则雷辊涛趋，苏人游冶之盛，至是而极矣。"清人顾禄的《清嘉录》也记其事："是日，又为荷花生日，旧俗，画船箫鼓，竞于葑门外荷花荡，观荷纳凉。……沈朝初《忆江南》词云：'苏州好，廿四赏荷花'。"

也许是南风北渐吧，晚近以来，不独江南园林建筑"移居"北方，赏荷观莲之举也随之而盛。潘荣陛《帝京岁时纪胜》写清代北京

荷花鸳鸯图

143

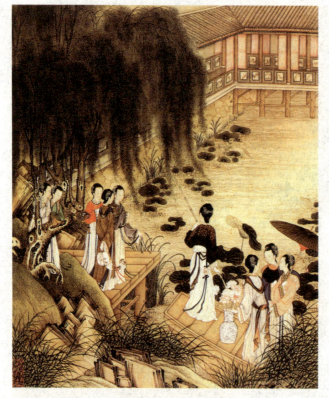

游湖赏荷图

赏莲之风道：

　　帝京莲花盛处，内则太液池金海；外则城西北隅之积水潭，植莲极多，名莲花池。……三伏日……都人结侣携觞，酌酒赏花，遍集其下。六月朔日，各行铺户攒聚香会，于右安门外中顶进香，回集祖家庄回香亭，一路河池赏莲，箫鼓弦歌，喧呼竟日。

三　　秋来佳禾登

立秋节

　　立秋也是二十四节气中的四立之一，时间一般在农历七月，公历的8月8日前后。在古代，国家祀典有立秋迎秋之举，还有射牲荐庙之礼，民间则有咬秋、防痢以及戴楸叶等习俗，从而成为一个内容丰富的节日。

　　古时的迎秋，一如迎夏，只是秋在五行中属金，金属西方，色白，所以典礼在西郊举行，并祭祀少皞与蓐收，车旗服饰用白色，歌《西皓》，八佾舞《育命》之舞。《礼记·月令》与《后汉书·祭祀志》分别记载了周代和汉代的这种典礼。除迎秋之外，古时朝廷还有天子在这一天进入国家苑囿射猎之举，以便将猎获的物品敬献给宗庙。这种仪俗，除了荐庙的目的之外，还有表示秋来扬武之意——炎热的夏季已过，秋凉即将到来，正是讲武练兵之时。而后代皇家的所谓秋

秋江独钓图

秋之红叶

狩，也正是这样的寓武于猎的演练。

春花秋叶，正如花朝月夕，分别代表春天和秋天最典型的物象，春日簪花，秋日就要戴叶了。历代相传的习俗正是如此。宋代时，民间有戴楸叶之俗，男女均可，以应节序。还有用石楠叶的，选其红叶，剪刻成花瓣，簪在鬓边，这恐怕是女性的专利了。这种习俗在今天仍然可以见到，比如秋来之时，男子插一枚红叶在衣兜，女子簪一枚红叶在帽侧，只是人们大多不会意识到这与传统风俗的关系罢了。

立夏防疰夏，秋来防痢疾，都是时令使然。立秋正值"末伏"前后，酷暑将尽，气温转凉，人们经"热在三伏"之后，往往只图凉快，而疏忽季节交替所带来的气候变化，容易导致痢疾等疾患。因此，民间多在立夏日吃西瓜或吞赤小豆，以防腹泻之苦。明人冯应京的《月令广义》说："立秋日，以赤小豆七粒或十四粒，服井华水，面西吞下，一秋不犯痢疾。"这种习俗也叫咬秋："立秋时食瓜，曰咬秋，可免腹泻。"（《津门杂记》）

就像许可节日可占卜气象一样，立秋也不例外。东汉崔寔的《四民月令》记有一条俗谚："朝立秋，冷飕飕。夜立秋，热到头。"是说立秋的具体时刻在早晨，预兆秋凉冬冷；在晚上，则难免"秋老虎"之害。还有一条俗谚叫"秋毂碌，收秕谷。"是说如果立秋这天打雷，则稻谷颗粒不满，庄稼歉收。

尝新节

　　尝新是我国的一种古老而普遍的风俗，有着深刻的社会基础和信仰基础，在今天也不无借鉴意义，所以不妨把它当做一个节日。

　　诚如我们多次指出的那样，我国是一个以农立国的国家，数千年来一直从事园艺式农业；同时，我国民俗信仰极其发达，对万事万物都心怀崇敬，对祖先充满了感情。尝新就是以这些为基础的，体现了民众报本感恩的博大情怀和深远情思。

　　尝新之举在孔老夫子视为礼仪典范的周代就已存在。《礼记·月令》说："（孟秋之月）是月也，农乃登谷。天子尝新，先荐寝庙。"这里所说，其实是一种国家祀典，可见当时对尝新的重视。此后历代沿袭此举，朝廷对此始终是郑重其事的。而在民间，这种习俗更具人情味，可以说一直流行到了今天。

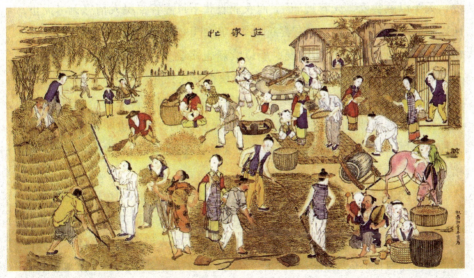

庄稼忙。杨柳青年画

农家尝新

　　尝新一般并无固定的日期，大多是在夏收、秋收之际举行，因为它是与农业收获紧密相关的。在周代，主要是在孟夏（农历四月）和孟秋（七月），孟夏尝麦，孟秋尝谷。《礼记·月令》与孟秋相对，说"孟夏之月，农乃登麦，天子以彘尝麦，先荐寝庙"。而农业收获不只麦谷，民人情思无尽无止，所以别的作物收获之时，也有尝新之举，比如开园菜蔬，仲季的西瓜，等等。由于传统农业主要作物是稻麦，所以尝新也多尝麦谷，尝新节也就有新麦节、新谷节等种种别称；时间，也多在秋季七八月间。

　　尝新也叫吃新，就是用新麦、新谷做了饭吃。但自古以来，新麦、新谷都是首先敬献给神祇祖先的，就如《礼记》所说的，所以也叫荐新。祭过祖先神灵之后，才是全家聚食。当然，注重亲情戚谊的人们，也忘不了送一些给亲戚朋友尝新。

　　农作的丰收，本来是农人们辛勤劳作的产物，他们不知在田头地畔洒下了多少汗水。可是秋成之时，他们不把收获据为己有，而是先来敬献神灵和祖先，这绝不能用无知和迷信来讥评。这体现了农人们若谷的虚怀，似海的亲情，对人与自然关系的敬重。在今天这个许多人不知节约、不懂敛止、不明取予之道的社会，尝新这种淳俗不能不让人深思。

七夕节

七夕节是一个特别的节日，是女性的节日，也是爱情的节日。近年来，人们把它跟西方的情人节比较，称它为中国的情人节；而传统上，它又是我国的几个女儿节之一。这个节日时当美丽的时节，背后有一个美丽的故事，又与少女紧相关联，所以一切都显得楚楚有致、情韵悠悠。

一　七夕始原

七夕节的七夕，有好几个别称。一是"双七"，因为节日在七月初七，两七相重，所以叫双七。二是兰夜、巧夕，这里的夜和夕都是着眼于夜晚的。旧时七月也叫兰月，所以七月里最独特的这个夜晚，便被称作兰夜。而称巧夕，是因为这一天有乞巧的习俗活动。此外还有两个别称，一是星期，一是牛生命日，都与牛郎织女的故事有关。

七夕节的起源与牛女故事有关，而牛女故事又是从更早的星宿传说而来的。牛、女原本都是天上的星宿，即牵牛星和织女星。在夏天的夜空，可以看到一条繁星组成的光带，这就是天文学所谓"银河系"，我国传统习惯叫做"天河"。在天河之西的星座中，一颗发青光的明星就是织女星，隔"河"

牛宿和女宿星。汉代画像石

鹊桥相会玉牌

遥遥相对的发橙黄色光芒的就是牵牛星（也叫"河鼓星"）。织女星旁边的四颗小星组成平行四边形，象征织女的织布梭子；牵牛星和它旁边的两颗小星构成牛郎的担子，也象征牛郎担着的两个小孩。这些夜空的星象，正是构成牛郎织女故事的基础。

早在《诗经》的时代，人们就对上述天象有所认识。东汉应劭的《风俗通》中，开始出现了人格化的描写："织女七夕当渡河，使鹊为桥。"此外，汉代的《古诗十九首》中，也有牵牛与织女星的拟人化描写。直到南朝梁殷芸的《小说》中，才有比较完整的记载：天河之东有织女，天帝之孙也，年年机杼劳役，织成云锦天衣，容貌不暇整。帝怜其独处，许嫁河西牛郎。嫁后遂废织纴。天帝怒，责令归河东，许一年一度相会。这里的织女似乎有些疏懒，关于牛郎的描写也少。而此后，民间则进一步将其加工完善，成为一个优美动人的爱情故事。

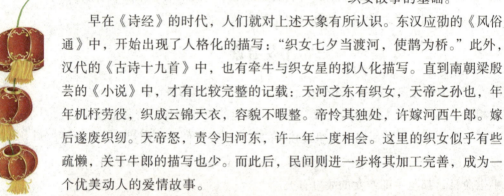

七月七鹊桥会。山东潍坊年画

相传牛郎父母早逝，又常受到哥嫂的虐待，只有一头老牛相伴。后来老牛给牛郎出主意，娶天上下凡的仙女织女做了妻子。牛郎织女男耕女织，相亲相爱，生活得十分幸福美满，而且有了一对可爱的儿女。

天庭的玉帝和王母娘娘知道织女和牛郎成亲的事后，勃然大怒，命令天神下界抓走了织女。牛郎回家不见织女，遵照老牛临死时的嘱咐，急忙披上牛皮、担了两个孩子追去。眼看就要追上，王母娘娘心中一急，拔下头上的金簪向银河一划，昔日清浅的银河一霎间变得浊浪滔天，牛郎再也过不去了。从此，牛郎织女只能泪眼盈盈、隔河相望。天长日久，玉皇大帝和王母娘娘也拗不过他们之间的真挚情感，准许他们每年七月七日相会一次。相传，每逢七月初七，人间的喜鹊就都飞上天去，在银河为牛郎织女搭鹊桥相会。此外，七夕夜深人静之时，人们还能在葡萄架或其他的瓜果架下听到牛郎织女在天上的脉脉情话。

二　祭拜织女

牛女故事中，牛郎和织女是旗鼓相当的主人公；而在七夕的节俗活动中，织女是主角，牛郎充其量也只算是个配角。旧时民间在七月七之夜，都有祭拜织女的习俗，俗称拜织女、拜七姐等。一般的是陈设瓜果，或设案焚香燃烛。祭拜的仪式也有迎仙、拜仙等等；有的向织女像拜，有的则望空而拜。有的地区，在这天年轻女子还有结盟七姐妹的。

七夕节的祭拜活动，男子当然是无权参与的；就是女性，出嫁已久甚至刚出嫁的也无权参与。由此可知，七夕是一个少女的节日。而少女拜织女，一方面是祈求心灵手巧、长得漂亮，一方面则是

七娘夫人图

153

祈求嫁得如意郎君。不过，也有出嫁女子拜织女的，目的则是祈求早得贵子。民间的一首《乞巧歌》，可以移来诠释拜织女的目的："乞手巧，乞貌巧，乞心通，乞容颜。乞我爹娘千百岁，乞我姐妹千万年。"

拜织女之外，七夕的节俗还有鹊桥会、观天河、染指甲等。鹊桥会指人间的喜鹊去天河架桥，供牛郎织女相会，民间则撒粮豆等喂喜鹊。望天河指小儿女仰望天河，或在豆棚瓜架下听牛女喁喁私语。染指甲是少女夏令的节目，即用凤仙花染指甲，并不一定要在七夕。此外，民间还要在七夕节吃"巧食"，各地不一，有饺子、馄饨、面条、油果子等。

三　乞巧种种

七夕节除了祭拜织女的习俗之外，更为突出的活动是乞巧——乞求智巧。不过，虽然各地乞巧指归一致，但方法却千般百样，五彩缤纷。大体来说，有：

（1）浮针试巧。也叫漂针试巧、丢巧针、投花针。方法是在一个容器中盛上水，露天放置一段时间水面生膜后，放针或细草在膜上，看容器底部针影的图案纹样，以验智巧。

（2）穿针乞巧。也叫金针度人。这是流传最久的乞巧方法。其法于七夕

穿针乞巧

月下以丝缕等穿针孔，先穿过的便是"得巧"，落后的则"输巧"。所穿之针相传有汉代的七孔针、元代的九尾针等，比普通的针多好几个针孔，增加了穿的难度，正可以测验智巧。这种针也统称玄针。

（3）种生乞巧。种生也叫种五生，所用器皿叫五生盆。一般是在七夕之前把豆、麦等籽种浸在陶瓷器皿之中，到七夕时供织女以乞巧。

（4）蛛网乞巧。这种方法是取一只蜘蛛，放到一个小盒里过夜，第二天看是否结网、结网多少等，以验智巧。网丝多而圆正者为得巧。

绣花乞巧

（5）斗巧宴。这是元代七夕节的宫廷宴会，会前有测试智巧的游戏。方法是从结彩楼上剪彩散于台下，宫女争拾，以所拾颜色的艳淡确定胜负。

乞巧的节俗活动丰富多彩，不仅种种方法异彩纷呈，更有搭建彩楼的。从汉代开始，宫廷或都市民众就有此俗，一般是在园中、庭前开阔之处搭建楼台，装饰五彩，七夕时在其上设供拜仙、观云乞巧。这种楼台汉代时称"开襟楼"，南朝的梁朝称"彩楼"，唐宋及后代统称"彩楼"或"乞巧楼"、"穿针楼"。唐诗人李中《七夕》诗说："星河耿耿正新秋，丝竹千家列彩楼。"宋人钱惟演《戊申年七夕》诗也说："欲闻天语犹嫌远，更结三层乞巧楼。"

有趣的是，祭拜织女不准男子参与，乞巧则可以；只是参加者必须是少男。当然，少男所乞，并非针黹女红之巧，而是笔墨文章巧，所谓"男乞文，女乞巧"。比如就种生乞巧而言，女子的兆验是看生出的是否像鞋底，男子的兆验则是看是否像笔尖。这，充分体现了传统社会的性别角色期望。

七月乞巧。《雍正十二月令行乐图》之一

中元节

在我国传统节俗中，元宵也称上元，十月十五称下元，而七月十五则称中元。在今天，中元节似乎并不是一个多么显赫的节日，但历史上它却是一个与佛、道两教以及民俗信念（体现了儒家敬祖祀先、事死如生的伦理规范）都有关系的节日，节俗丰富，内蕴深长。

中元在道教是地官校籍赦罪之长。道教的天、地、水三官，分别在三元日向天帝考籍、禀报人间善恶。其中，七月十五是地官的校籍赦罪之日。这一天，他要拿出厚厚的花名册来，根据神仙、凡人、动物们平时的表现，勾勾划划，赦罪免刑。民间在中元节的赈孤照冥等节俗活动，应当与这地官的赦罪有关。

中元在佛教是僧自恣日。与道家的考籍大众相对，佛门僧众在七月十五日要举行批评忏悔的集会，进行批评和自省。如前文所述，佛门僧众每年都有一定时间的安居期，汉化佛教规定从农历四月十六日开始安居，到七月十五日安居期满。这一天，僧众要集合一堂，任凭他人检举自己的轻重不法之事，从而忏悔。这种行为叫"自恣"，意思是"随意"。因此，这一天也就叫"僧自恣

地官像

157

中元节鬼会

日"；因为这样做佛会欢喜，所以也叫"佛欢喜日"。此外，佛教还称这一天叫"佛腊日"。这里的"腊"也就是岁末的意思，佛腊日之后，新岁开始，僧众也就添了一岁，所以佛教也称七月十五为"僧受岁日"。而在这一天，佛门要举行盂兰盆会，因而中元节也叫盂兰盆节。

中元也是民间的三鬼节之一。这个节日固然有祭祖荐新的习俗活动，更主要的却是照冥赈孤的放河灯。由此，中元这一鬼节与清明、十月一区别了开来：这个鬼节的活动，旨在让故去的先人解脱罪恶、得以超升，同时顾及那冤魂怨鬼、孤魂野鬼。而且显然，放河灯这样的中元节俗活动与佛道两教是密切相关的。

放河灯也叫放水灯、放江灯。河灯也叫荷花灯，因为这种灯的底座一般是用纸、木做成莲花瓣形状的，甚至有直接以荷叶做底座的。放灯之时，点燃灯座上的灯盏或蜡烛，中元夜放在江河湖海之中，任其漂流浮泛。

关于放河灯的习俗，宋人笔记多有记载，可见那时就比较普遍存在了。当时不仅民间放、佛门放，皇家也放，比如吴自牧《梦粱录》就记载说："七月十五日，……后殿差内侍往龙山放江灯万盏。"此后，这种习俗愈演愈烈，变得十分热闹、壮观。而此时的放河灯，传统的信仰因素固然存在，玩乐、游赏的成分恐怕也早已渗入其中。比如清代皇家在北海放河灯，要从七月十

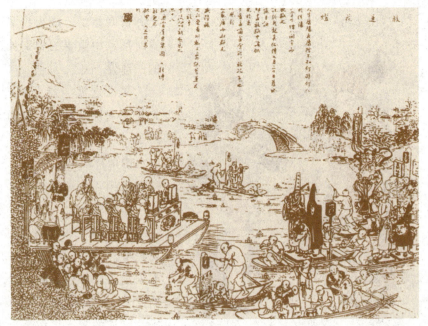

放莲花灯

三至十五连放三天，"使子内监持荷叶燃烛其中，罗列两岸，以数千计。又用琉璃做荷花灯数千盏，随波上下。中流驾龙舟，奏梵乐，作禅诵，自瀛台南过金鳌玉蝀桥，绕万岁山至五龙亭而回。河汉微凉，秋蟾正洁，至今传为胜事"（《帝京岁时纪胜》）。事实上，不仅大清王朝的"今"，就是我们现在的"今"，也仍有这种胜事存在。比如北京北海、什刹海以及其他河流水道放河灯，杭州西湖放河灯，南京秦淮河放河灯，更如九曲黄河的放河灯，已经成为纪念死难、祈求和平的煌煌盛事。

盂兰盆节

　　盂兰盆会是佛教岁节仪规中重要的仪式，在每年的七月十五举行，因此中元节也有"盂兰盆节"之称。在佛教的汉化过程中，这种法事仪式也被官

民国《目连救母》戏画

府和民间接受，成为我国传统岁时活动中重要的和别具特色的一部分。

要说这盂兰盆会的起源，先要说到佛祖释迦牟尼的一个弟子。

佛祖释迦牟尼有十大弟子，各有绝招，分别号称"××第一"。其中的目连（全名"摩诃目犍连"）是"神通第一"："神足轻举，飞到十方"。据说目连本来是古印度摩揭国头号富户的爱子，父亲叫富相，母亲叫青提。目连的父亲富相是个大慈大悲之人，极其敬重出家人，视僧尼如父母；而他的母亲青提夫人虽然年轻漂亮，却无嘉言懿行，爱财小气，并且最恨出家人，视僧尼为仇。父亲死后，目连决定外出经商，临行时乞求母亲行善积德、善待僧尼。青提夫人勉强答应，但怙恶不悛，碰到登门化缘的僧尼就统统赶走，并且出言不逊。半年后目连回家，问讯母亲，青提夫人发下毒誓，说"若无善行，七天之内不得好死，死后堕入阿鼻地狱"！不想毒誓应验，七天后青提夫人暴卒。

目连修成罗汉，成为佛祖的十弟子以后，用天眼看到亡母生

目连之母在地狱受苦

在饿鬼的行列里，不胜悲哀，便送饭给母亲。不想饭还未到母亲口中，就化为火炭。目连无计可施，请教佛祖，佛祖要目连在七月十五僧自恣时，备办饭食果品等，供养十方大德众僧。目连如法设供，母亲才脱离饿鬼之道，升入天堂。

后来的盂兰盆会，就是由目连救母之事引出来的。因为佛祖有鉴于目连救母的事，推而广之，要求佛门弟子尽心行孝，作盂兰盆施佛及僧，报父母恩情。而佛经中的《盂兰盆经》，也被称为佛门的"孝经"。

所谓"盂兰"，是梵语的音译，"倒悬"的意思，盂兰与盆合起来是救器，即"救倒悬器"；另外，盂兰盆也可以解释为"救倒悬盆"，突出它"安放百味饭食"的特点。关于盂兰盆的形制、特点以及作用，我们从宋人的笔记中还可隐约看到："以竹竿斫成三脚，高三五尺，上织灯窝之状，谓之盂兰盆。"（孟元老《东京梦华录》）

在我国，盂兰盆会始于梁武帝。据《佛祖统记》记载，大同四年（538），梁武帝驾幸同泰寺，设盂兰盆斋。其后民间普遍举行，北齐的颜之推在其名著《颜氏家训》中曾提到"七月半盂兰盆"为孝亲之供。到了唐代，皇家每年要送盂兰盆到各官寺，献供种种杂物，并有音乐仪仗及送盆官人随行；民

间施主也到各寺献供献盆及种种杂物。至宋，急功近利的人们已经不再送盆供僧，而是直接以盆施鬼了；而寺僧则在这天募施主钱米，为之荐亡。唐宋以后的盂兰盆会内容极其丰富，除以盆施鬼以外，还有放河灯、焚法船等节俗活动，完整的盂兰盆会包括这诸多方面。

地藏节

地藏节是一个和地藏菩萨有关的节日，节期在农历七月三十。传说这一天是地藏菩萨的诞辰，届期僧众、俗众都有相关的仪俗活动，也就形成了节日。不过，据佛教典籍介绍，地藏菩萨生在农历七月十五，九十九年后在七月三十入灭，因此七月三十应该是地藏菩萨的涅槃日，而不是诞辰。然而，民众似乎不太理会这些，一年一度地在七月三十地藏菩萨"诞辰"大过特过地藏节。

地藏菩萨是佛教的四大菩萨之一，在我国民众心目中的地位仅次于观音菩萨。地藏是梵文的意译，因为地藏菩萨"安忍不动犹如大山，静虑深密犹如地藏"（《地藏十轮经》），故名。据说地藏菩萨得道之前是新罗国的王子，叫金乔觉，长得躯体魁伟，异骨异相，顶耸骨奇，进入佛门后号地藏比丘。唐高宗的时候，他从海路来到中国，随处参访，游化数年，后来在九华山（今安徽青阳县境内，号称"东南第一山"）结庐修行。好多年后，他被人发现，并布施整个

地藏菩萨像

九华山给他。十年以后，盛唐开元二十六年（1739）七月三十日，地藏比丘在九华山入灭，活了九十九岁。

地藏入灭成为菩萨以后，被佛经所渲染，说他受佛祖释迦牟尼的嘱咐，在释迦入灭和未来佛弥勒佛未降生这一段时间内说法度世。因有佛祖嘱托在身，地藏菩萨便发下誓愿："为是罪苦六道众生广设方便，尽令解脱，而我自身方成佛道。"由此，他被冠以"大愿地藏"的尊号。

地藏菩萨所发大愿的内容和他成为中国民众最崇拜的两位菩萨之一有着密切的关系。白

地藏菩萨唐卡

化文先生在其所著《汉化佛教与寺院生活》一书中对此有过透辟的分析："大愿是：1. 孝道，即孝顺和超荐父母；2. 为众生担荷一切难行苦行；3. 满足众生需求，令大地草木花果生长；4. 祛除疾病；5. 要度尽地狱众生，不然'誓不成佛'。这些内容，如孝道，很有些中国传统伦理道德气息，是佛教汉化后适应本地情况的新说教；保护农业和防治百病，更适合以农立国的中国国情，特别受农民欢迎；至于代众生受苦难并度尽众生，那可太容易被受苦受难的中国老百姓理解和接受了。所以，除了观音以外，地藏菩萨在旧中国下层的信徒最多。"

信徒最多的地藏菩萨受到的香火供奉自然也很盛。有关典籍记载了旧时地藏节的节俗活动之盛：

七月三十，俗名地藏节。以东郊三官堂为集会之所。农人于是日将田具及木制品陈列于道，任人取购。日间各坊厢云车络绎于道。晚间灯火辉煌，通宵达旦。并有乡人头戴箬笠，身著布裙，沿途诵经，一步一拜，谓之拜香。（《帝京景物略》）

地藏殿

七月三十日传为地藏菩萨诞辰。都门寺庙，礼忏诵经，亦扎糊法船，中设地藏王佛及十地净君绘像，更尽时施放焰口焚化。街巷遍燃香火莲灯于路旁，光明如昼。（《帝京岁时纪胜》）

放焰口、燃莲灯、一步一拜，之所以要如此，在于地藏菩萨掌管阴间之事，可以超度故去的父母脱离罪厄、升入天国。为了表达自己的孝思，人们自然不遗余力了。甚至还有更为极端的表现，如点肉身灯，就是用铁钩穿过两臂，挂灯平举前行，俗说是为"报娘恩"。其实，母子十指连心，母亲怎忍见到子女如此报恩？孝思其实用不着惊天地之举，它是日常的，平凡的。

中秋节

中秋节是我国最大的传统节日之一，历史悠久，节俗丰富，至今仍然洋溢着旺盛的生命力，以它的丰富多彩点缀着炎黄子孙的秋日生活。在这里，我们

我们分题介绍这一节日的名称、起源、节俗等，而其中特别的节俗和信仰则另作专题。

一　月节月圆

农历的八月是秋季的第二个月，称仲秋；八月十五则是仲秋之中、秋季之中，故称中秋。八月十五称中秋节、仲秋节，都是由此而来的。此外，这一天也称"秋节"，显然是因为中秋节是秋季最大节日而又处在秋季之中的缘故。

中秋节也叫月夕、月节。八月十五的月亮是一年中最圆、最明的，这天晚上又有拜月、赏月、玩月之举，当得起月夕、月节之称。其中，月夕又是与另一个美丽的日子——二月十五花朝相对而言的。宋人吴自牧《梦粱录》解释说："八月十五中秋节，此日三秋恰半，故谓之中秋。此夜月色倍明于常时，又谓之月夕。"

果子节，这也是旧时中秋节的别称。仲秋时节，适逢各种瓜果成熟上市，金黄红翠，流香溢彩；而且中秋节又有以瓜果馈赠、供月的习俗，所以老北京人称此日为"果子节"。

果子节是一个地域性较强的中秋别称，"团圆节"则是比较普遍存在的别称。团圆是中秋节最主要的民俗信仰，几乎贯穿于各种节物、各项节俗活动之中。

不管月夕、月节，还是团圆节，中秋节的别称大多和月亮有关。相传月亮中不仅有宫殿，还有人物、树木、动物等。月宫中的动物有两种。一种是金蟾，因此月宫又称"蟾宫"，月轮又称"蟾盘"，月光又称"蟾光"。另一种动物是玉兔（也叫金兔、白兔），因此，月亮也被称作金兔、玉兔、蟾兔，并演化出兔儿爷、月宫祃及供兔儿爷之俗。汉晋以来，还有月宫桂树之说：月桂高达五百丈，河西吴刚学仙被谪，罚

玉兔捣药

唐王月宫铜镜

他在这里砍桂树，但这桂树随砍随合，永无尽日。由此，人们又称称月亮为桂月、桂轮，称月宫为桂窟、桂宫，并比喻科举考中为月中折桂、蟾宫折桂，并演化出赏桂、饮桂花酒之俗。当然，月宫传说最美丽动人的还要算众所周知的嫦娥奔月的故事了。月宫、蟾兔、桂树、嫦娥，正是这些优美动人的传说给中秋节俗的形成奠定了基础，同时也使这些节俗更加光彩动人、韵味无穷。

二　拜月玩月

中秋节的节物、节俗大多和月亮有关，拜月、玩月就是如此。

拜月是一种礼拜月亮的习俗，也叫祭月、供月、礼月、供兔爷、斋月宫等。作为中秋节俗的拜月大体形成在唐代，但秋夕礼月则是古已有之。《礼记》说："天子春朝日，秋夕月。朝日以朝，夕月以夕。""夕月"也就是在秋分的晚上祭月，在古代是和春天的祭日相对的，是一项国家祀典。这应该是祭月的先河。到汉代，赏月风俗形成。相传汉武帝曾建造"俯月台"，用来赏月，名叫"眺蟾"，俯月台下又挖有影娥池，是用来映现台上的宫娥嫔妃的。每当登楼眺月时，影入池中，如仙人乘舟，笑弄明月——这便是赏月、玩月之始。此后，赏月、玩月、望月、弄月，不一而足，至唐开元天宝年间蔚成大观。

唐宋以前，关于拜月的记载比较少见，而在这两个朝代，祭月之风已经颇为盛行，而且多是和赏月之举联系在一起的。到明清时代，这种风习更加盛行不衰。明清北京的拜月之俗，多是十五日晚间家人团聚，等月亮升起之后，开始拜月。最简单的是"徒手"的望空（朝向月亮）而祭，有的则将刻有桂殿蟾宫的大月饼镶在木架上当神位，更有用月光祃儿当神位的。焚香礼拜后，撤供，焚月光祃儿，或分食月饼。《帝京景物略》记载这种习俗说：

八月十五日祭月，其祭果饼必圆，分瓜必牙错瓣刻之，如莲花。纸肆市月光纸，绘满月像，趺坐莲花者，月光遍照菩萨也。花下月轮桂殿，有兔杵而人立，捣药臼中。纸小者三寸，大者丈，致工者金碧缤纷。家设月光位于月所出方，向月供而拜，则焚月光纸，撤所供，散之家人必遍。

与拜月相对，赏月、玩月的娱乐成分极大。赏玩月华之风在汉武帝的时候已经大盛，其后相沿不断。尤其到盛唐的风流皇帝唐玄宗时代，此俗盛极。据《开元天宝遗事》记载，唐玄宗与杨贵妃每年都要在太液池赏月，后来还修了专供赏月的"赏月台"。在民间，赏月玩

走月亮

拜月

满族妇女拜月图

月风习也颇盛行，尤其是文人墨客，往往三五邀集，对月酌酒，酒酣赋诗。宋代赏月之举比之唐代有过之而无不及。据记载，当时的大都会每到中秋，富贵之家要搭架、装饰台榭，民间小户则争占酒楼的有利地形以赏月。是夜，城内"丝篁鼎沸，近内廷居民，夜深遥闻笙竿之声，宛若云外。宫里儿童，连宵戏嬉，市井并闻，至于通晓。"（《东京梦华录》）唐宋以后，中秋赏月玩月之举似乎不那么绮丽奢华了，但其俗仍然相承不绝。尤其是在江南，中秋节月夕竟与元夜一样，名门闺秀也盛妆出游，通宵达旦。清人顾禄的《清嘉录》记载清代江南的这种习俗说："（中秋月夜）妇女盛妆出游，互相往还，或随喜尼庙，鸡声喔喔，犹婆娑月下。"

三　月饼、兔儿爷

中秋的节物，最突出的当然是月饼和兔儿爷。

月饼是一种尽人皆知的节日食品，与粽子齐名。同样，月饼也像粽子一样有自己的起源传说。相传中秋吃月饼的习俗起于唐代。唐高祖李渊和群臣欢度中秋时，手持吐蕃商人所献装饰华美的圆饼，指着天上明月笑道："应将圆饼邀蟾蜍。"随即分圆饼与群臣。又《洛中见闻》记载：唐僖宗中秋吃月饼，味道极美。他听说新科进士在曲江宴饮，便命用红绫包月饼赐给进士们，可见月饼当时已经比较普及。至宋代，月饼已经有荷叶、金花、芙蓉等花色名目，苏轼有"小饼嚼如月，中有酥与饴"的诗句。

到元末明初，不仅吃月饼的习俗被传承下来，并且出现了另外的关于月饼的传说。相传元末人民不堪统治，高邮人张士诚为了暗中串联，利用中秋节互相馈赠麦饼之机，在其中夹一字条，约定中秋夜起义，从此便形成了每年中秋家家户户吃麦饼的习俗。到明代，吃月饼的习俗大为盛行。明人沈榜《宛署杂记》"八月馈月饼"条注释说："士庶家俱以是月造面饼相遗，大小不等，呼为月饼。市肆至以果为陷，巧名异状，有一饼值九百钱者。"明人田汝成《西湖游览志余》则指出吃月饼取意团圆："八月十五日谓之中秋，民间以月饼相遗，取团圆之义。"清代以来，月饼的质料、花色品种都有新的发展，蔚然大观。除月饼质料外，饼面印有"嫦娥奔月"、"三潭印月"以及福、禄、寿、喜等吉祥图案，不仅是节令食品，同时也有了艺术的特点。

兔儿爷也叫"彩兔"，是一种泥塑的玩偶，中秋节用来祭拜月亮或娱乐孩童。它的来历，大抵是效法月宫玉兔捣药的故事。这种习俗流行在京、津一带，尤以北京为最。兔儿爷之制明代就已

中秋制月饼

兔儿爷泥塑

中秋祭兔

顽童祭玉兔

经存在。明人纪绅《戏题》诗的小序说："京师中秋节，多以泥抟兔形，衣冠踞坐如人状，儿女祀而拜之。"到清代，此俗大盛。

兔儿爷一般为人形兔脸长耳，形制简单的仅仅是一个捣药的小白兔，复杂一些的则"有衣冠而张盖者，有甲胄而带纛旗者，有骑虎者，有默坐者。大者三尺，小者尺余"（《燕京岁时记》）。其形态尚有"短衫担物，有如小贩；有饮酒跳舞，有如燕乐者"（明人陆启浤《北京岁华记》）。每到中秋时节，则商贩设摊出售，民众竞相购买。杨静亭《都门杂咏》咏及兔儿爷摊之盛

道："莫题旧债万愁删，忘却时光心自闲。瞥眼忽惊佳节近，满街争摆兔儿山。"

中秋节的两种节物，现在仍然"活跃"于中秋佳节。月饼的花样出新，

八月赏月。《雍正十二月令行乐图》之一

171

恐怕有过于前代，只是炫饰的成分多了一些。兔儿爷虽然并不那么普及，但作为一种佳节象征，也越来越多地走进了新时代的生活。

四　中秋俗信

送月饼

中秋节的民俗信仰，最突出的当然是团圆。这当然首先表现在家人团聚，包括回娘家的媳妇必须返回夫家，以及一系列团圆的象征——月饼，瓜果……正如《帝京景物略》所概括的："八月十五祭月，其祭果饼必圆，分瓜必牙错，瓣刻如莲花……其有妇归宁者，是日必返夫家，曰团圆节也。"

"男不拜月"。这是与"女不祭灶"相对的。一般的说法，是因为月为太阴，女属阴、男属阳，所以女拜男不拜。但实际上，旧时男人不仅玩月，而且也拜。比如清代，一般是女子主祭，全家叩拜。女子祈愿貌似嫦娥、圆如洁月，男子则祈愿早步蟾宫、高攀仙桂。

"八月十五云遮月，正月十五雪打灯。"这句民谚是说，如果八月十五晚上有云，来年正月十五就会下雪。在少雪的南方，这句谚语则说成："云掩中秋月，雨打上元灯。"

观潮节

传统节日是最与自然和谐的，也是最能利用乡土风物的。观潮和赏桂就是突出的两例，并形成了节会。而它们的时间，又都与中秋节的节期重叠，当然也可以视为中秋节俗。

一　江畔观潮

众所周知，大海潮汐与月球引力有关，所以潮涨潮落与月球运行同规律。月盈时节，潮汐运动最为强烈，往往形成壮美的景观。我国沿海的一些地方，由于地理形势的关系，潮汐更为壮美。

观潮之举汉代就有过记载，地点在广陵（扬州）。枚乘《七发》说："将以八月之望，与诸侯交游兄弟，并往观涛于广陵之曲江。"此后《南齐书·州郡志》也记载过扬州观潮。不过，后来由于地势的变化，曲江（指流经广陵城下的长江）潮信不再，而杭州钱塘遂成为唐宋以后的观潮胜地。唐代地理著作《元和郡县志·江南道钱塘县》记载："浙江东流入海处的钱塘江，每年八月十八日，浪涛涌至数丈，数百里士女，共观舟人渔子，溯涛触浪，谓之'弄潮'。"钱塘江口是喇叭形，向里越缩越狭越浅，所以海潮涌来，潮头壁立，巨浪如奔腾的千军万马，十分壮观。此举到明代仍然十分盛行，"郡

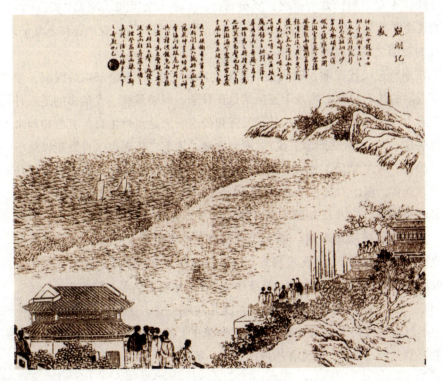

观潮纪盛

173

海宁潮

人看潮，士女云集，僦倩幕次，罗绮塞途，上下十余里间，地无寸隙"（田汝成《西湖游览志余》）。不过，到了清初，由于江流改道，观潮遂移至海宁，今天的观潮之举即以海宁为盛。

枚乘所记汉代观潮，时间在八月望（月满之时）。而唐宋以后观潮，中秋节前后的几天都有，八月十五虽然是正日子，但潮最盛、人最多的是八月十六至十八。尤其是八月十八日，民间相传这一天是潮神生日，官府检验水军也在这一天。《武林旧事》说："浙江之潮，天下之伟观也。自既望以至十八日最盛。"《梦粱录》也说："每岁八月内，潮怒胜于常时。都人自十一日起便有观者，至十六日、十八日倾城而出，车马纷纷。十八日最为繁盛，二十日则稍稀矣。十八日盖因帅座出郊，教习节制水军……"

人们不仅被动地观潮，也主动地弄潮。也正因有人弄潮，所以这潮也才更有可观。届时，"吴儿善泅者数百，皆被发文身，手持十幅大彩旗，争先鼓勇，出没于鲸波万仞之中，腾身百变，而旗尾略不沾湿，以此夸能"（《武林旧事》）。于此，至今还有名句"弄潮儿向涛头立，手把红旗旗不湿"传诵。不过，宋代词人潘阆这首观潮词《酒泉子》的末尾，说是"别来几向梦中看，梦觉尚心寒"，未免有些神拘气索；不如史达祖的《满江红》词写来丰满、壮阔。

> 万水归阴，故潮信、盈虚因月。偏只到凉秋半破，斗成双绝。有物揩磨金镜净，何人拿攫银河决？想子胥、今夜见嫦娥沉冤雪！　　光直下，蛟龙穴；声直上，蟾蜍窟。对望中天地，洞然如刷。激气已能驱粉黛，举杯便可吞吴越。待明朝，说似与儿曹，心应折。

二　月下赏桂

　　唐代诗人白居易在杭州住过一段时间，那里留下了他的不少遗迹。他的《忆江南》词有"山寺月中寻桂子，郡亭枕上看潮头"的句子，就记述了他中秋节在杭州的赏桂观潮。

　　月夕赏桂，自然不能不让人联想起月中的桂树。月中桂树旋砍旋合，自非人间桂树可比。而人间的桂树，有的也是月中桂树的种子长成的，相传杭州灵隐寺的桂树就是如此。据《南部新书》记载："杭州灵隐寺多桂。寺僧曰：'月中种也，至今中夜往往子坠。'"据说唐代诗人宋之间贬黜放还，到了江南，曾游灵隐寺，写了《灵隐寺》诗，其中有"山寺月中寻桂子，郡亭枕上看潮头"的句子。

　　杭州之外，中秋赏桂的佳处还有新都桂湖、南京古云谱、苏州虎丘等。新都在成都略东，

赏桂图

有桂湖，湖畔桂树成林，绵延数里，中秋时节，香飘远近，游客塞途。

175

天医节

　　天医节也叫天灸日，是一个建立在有关自然的民俗信仰基础上的医疗保健节日。节期是八月朔（初一），民间认为这一天的露水具有医疗作用，可以防病，可以明目。

　　视八月朔为"天灸日"的俗信比较早就存在了。南北朝时的《荆楚岁时记》说："八月一日，民并以朱水点小儿额，名为'天灸'，以厌疾。"这里的天灸还只是"厌疾"，即以巫术手段压伏疾病，是消极地防病。这种习俗一直传承到清代。清人袁景澜《吴郡岁华纪丽》说："古人以此日为天医节，祭黄帝、岐伯。"这里的天医与两位传说人物联系了起来。关于具体的"天灸"法，清人张春华在其《沪城岁时衢歌》歌咏这种习俗的诗的自注中说："八月朔，俗谓天灸日。黎明，以花枝露，以古墨研匀，取净管蘸墨，凡童稚之数岁之内者，印圆圈于两太阳及四肢诸穴，谓免百病。"

　　既然有消极防病作用，民俗信仰中当然会再生出积极治病的功能。于是，人们又在八月朔制作小锦囊，承接露水拭目，俗谓可以明目。这种小锦囊雅称"眼明囊"，不仅自己用，也是一种馈赠的礼品。这种锦囊的制作，并不比宗懔《荆楚岁时记》提到的"天灸"晚。和宗懔同时代的梁简文帝萧纲曾作《眼明囊赋》，其序云："俗之妇

　黄帝像

人，八月旦多以锦翠珠宝为眼明囊，因竞凌晨取露水以拭目，聊以为赋。"赋曰：

> 尔乃裁兹金缕，制此妖饰。缉濯锦之龙光，剪轻羁之蝉翼。杂花胜
> 而成疏，依步摇而相通。明金杂乱，细宝交陈。义同厌胜，欣此节欣。
> 拟椒花于岁首，学夭桃于暮春。

从萧纲的赋中可知，这种眼明囊后来逐渐失去了实用价值，并且用料、做工极其讲究，目的已不是治病，而是馈遗亲友，以表示祝愿了。

孔子圣诞

此圣诞非彼圣诞——这里说的不是西方的耶圣之诞，说的是我们中国的孔圣之诞。孔圣诞辰的各种纪念和其他礼俗活动历史悠久、内容丰富，俨然已经成为一个节日。

孔子其人，在我国真可以说是家喻户晓、尽人皆知的大名人。没有生在周公的时代，而生在了"礼崩乐坏"、"礼乐征伐自诸侯出"的时代，他的思想并未能大行其时，相反倒有困厄陈蔡的事迹。孔子死后，其思想渐渐被播撒并发芽、扎根，到汉武帝时，来了一个"罢黜百家，独尊儒术"，孔子及其思想第一次被官方所充分认可。其后，虽说也不乏一波三折，但孔子的地位却基本是稳固的；进而由人而神、由俗而圣，被戴上了"大成至圣先师"的尊号，成了中国的头号圣人。

孔子像

177

孔子成为至圣先师以后，受到朝野士庶普遍的崇拜和礼奉。旧时全国各地举处都有享祀孔子的文庙，香火供奉这位"文圣人"（与其相对的武圣人是关羽）。由于孔子首创私学，收徒课业，弟子三千，贤人七十二，桃李满天下，所以更受学校师生和文人士子们的尊奉。旧时的学校视孔子为教育业的祖师，把庙都建到学校里来了，并且大建特建。明人尹直为句容县儒学所撰《重建文庙记》说："学必有庙，以祀孔子，以行释奠释菜之礼，以示不忘其学之所自。"乡学建文庙，私塾则设孔子牌位，上书"大成至圣先师孔子之神位"，有的两旁还写有对联，如"三千徒众子；七十二贤人"。简陋乡学的文庙、私塾的孔子牌位一般是不塑孔圣金身的，或者挂神像，或者只立牌位。都市或城镇的文庙情形则有些不同，建筑以及相应的设施、礼仪等都要完整、气派得多。这些庙宇也叫孔庙。孔庙之最，当然首推孔子家乡山东曲阜的孔庙，其建筑之宏伟精致、设施之完备美善、礼仪之儒雅严谨，绝不比其他任何一位神明逊色。

旧时中国对孔子的祭祀主要由乡学官校以及文人士子进行。就学校而言，除了学生初入学的祭祀外，岁时之祭扫也颇多。据《津门杂记》记载，当地除日常洒扫外，还有春秋丁祭、每月望祭等，一年下来，次数已经相当

可观。而在孔子的家乡曲阜，孔府的家祭一年大大小小要有五十多次。除了上述的春秋丁祭外，尚有冬夏丁祭，合称"四大丁"祭；除每月朔望的祭拜，尚有二十四个节气的二十四祭；此外有四仲丁（大丁后的第十天），八小祭（清明、端阳、中秋、除夕、六月初一、十月初一、生日、忌日）等等。

当然岁时之祭中最隆盛的，还要说是圣诞节的祭奉。孔子诞辰在八月二十七，旧时这一天的祭孔几乎是举国进行的，小到家学私塾，中到乡村庠校，大到孔府及国家的祀典，官长师生、士人学子，无不在这一天对孔圣顶

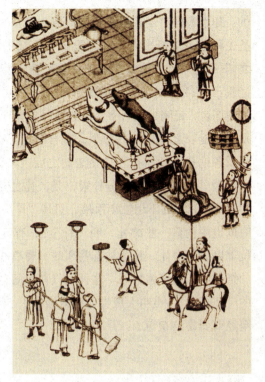

太牢祭孔

礼膜拜。乡学私塾祭祀或在文庙，或在学堂，比较简单。《帝京岁时纪胜》记北京此俗说："八月廿七日为至圣先师诞辰，禁止屠宰，祭文庙。各书室设

刘邦祭孔图

179

供，师生瞻拜。"《晋祠志》记太原一带乡学祭孔说："（八月）二十七日为至圣先师孔子圣诞。士大夫陈设脯醴致祭于文昌宫。其各馆师弟均于是日祀之。"孔府祭孔及国祭比之于乡学私塾自然要隆重得多。据大清《礼部则例》记载："八月二十七日，遇先师诞辰，大内至王公百官均致斋一日，各衙门不理刑名，民间禁止屠宰，前其缮绿头牌具奏，得旨，并出示九门及礼部前，是孔子诞辰之期，已垂功令，有官职者，届期均应致祭。"近年来，曲阜孔庙及各地孔庙的祭孔之举在浩劫之后，又已蔚然成风。

最早的祭孔之礼十分朴素，是"礼之轻者"，叫"释菜礼"。这种享祀先师的礼仪，祭品不用牲牢币帛，只是"芹藻之属"而已，所以叫"释菜"。有时候也用稍重一些的礼，叫"释奠"，有牲牢币帛等供品，但没有迎尸（神位）以下的诸礼。释菜礼有些寒酸，释奠礼的规模似乎也不够格，所以后世的祭孔之礼越变越繁琐。这种风气在民间愈播愈炽，于是就发展为庙会形式的"孔子会"（也叫大成会、圣人会等），给虔诚敬的礼拜染上了玩乐游赏乃至经商贸易的杂色。

重阳节

重阳节是秋季的另外一个重大节日，是与春季的重三（上巳）相对的游赏性节日。重阳节的主要节俗是登高，因此它也有"登高节"之称；又有插茱萸、赏菊之举，所以也叫茱萸节、菊花节。由于主要节俗并不紧密附丽于信仰的相对独立性，从而使重阳节深深地融入了现代人们的生活之中。

一　重阳由来

重阳节有一个特别显豁的名字，叫"九月九"，说明节期在农历九月初九。重阳也叫"重九"，月、日两九相重，故称。那么，重阳有什么含意呢？按照《易经》的原理，九为阳数，日月并阳，两阳相重，所以叫"重阳"，这种称谓在战国时代已经存在，屈原《远游》就有"集重阳入帝宫兮"之句。

从文献记载来看，重阳在较早的时代似乎只是因为"俗嘉其名"才成形成节会的。就是说，九月初九两九相重，有长长久久的意思，被人们认为吉祥，所以有相应的活动。汉末魏初的曹丕在《九日与钟繇书》中说："岁往月来，忽复九月九日。九为阳数，日月并应，俗嘉其名，以为宜于长久，故以享宴高会。"而且最初的重阳登高也意在游玩，佩茱萸似乎也没有什么驱瘟的意思。

南北朝时期，有关重阳节的习俗开始和驱瘟避祸的传说联系了起来。其中普遍为后人接受的桓景避灾的传说，出自南朝梁吴均的《续齐谐志》：桓景是东汉时汝南地方

费长房

的人。相传他跟随仙人费长房游学多年，小有成就。九月的某一天，费长房对他说："九月九日你们家会遭灾，你要赶快回去，让家人做绛色布囊，里边装上茱萸，系在臂膀上，登上高处，饮菊花酒，这样就可以免除灾祸。"桓景照办，带领全家登上了高山。到晚上回去时，看到鸡犬牛羊都已暴死。费长房听说了这种情景，解释说这些家畜已经代人受灾了。

二 节俗概览

在桓景避灾的传说里，后来重阳节的主要习俗——登高、簪茱萸、饮菊花酒都有着落，此外的节俗大多是连带产生的，诸如赏菊、食重阳糕、持螯会等等。由于其中几种重要习俗后文将专节介绍，这里只对这些节俗作一概括介绍。

重阳节最主要的习俗是登高，所以也有登高节之称。登高之后还有宴饮、赋诗等活动，称"登高会"。

桓景避灾时作茱萸囊系于手臂，后世有系茱萸囊的，有簪插茱萸的，还有饮茱萸酒的，所以重阳节也叫"茱萸节"。

桓景避灾时饮菊花酒，后世沿袭此俗，还产生了食菊花糕、簪菊、赏菊之俗。

181

与登高类似的重阳节有打围、骑射之举，多见于北方地区，尤其是娴于马背生活的民族。

饮食系列里发展出来的还有食重阳糕、食蟹、食鹦鹉螺等，有的普遍流行，有的则仅是少数地区的习俗。

比较晚的时候，重阳节还发展出了接出嫁女儿归宁的习俗，所以又别称"女儿节"。

三 重阳花糕

我国许多节日都有应节的独特食物，重阳节的这类节物是重阳糕。

重阳糕的原型是汉代的"蓬饵"。《西京杂记》说："（汉高祖）戚夫人侍

儿贾佩兰，后为扶风人段儒妻，说在宫内时……九月九日佩茱萸，食蓬饵，饮菊华酒。"唐宋时称重阳糕。《嘉话录》曾记述唐人袁师德因避其父袁高之讳不食重阳糕之事。宋人吴自牧《梦粱录》说：九月九日，"以糖面蒸糕，上以猪羊肉鸭子为丝簇飣，插小彩旗，名曰'重阳糕'"。同时代孟元老的《东京梦华录》、周密的《乾淳岁时记》，都详尽地描述了当时的重阳糕。明清时，重阳糕也叫"花糕"，因其上缀饰栗子、枣子，斑斓如花，故称。《帝京景物略》说："九月九日……麦饼种枣栗，其面星星然，曰花糕。"晚近以来，重阳花糕仍然存在。糕面印双羊，取"重阳"之意。

重阳糕主要用米面、果料、肉丝等蒸制而成，有的还要做出种种花样，且极尽装饰之能事。宋代及明清的重阳糕就极其出彩。《梦粱

卖重阳糕

录》记载过一种"狮蛮栗糕",很是精美:"蜜煎局以五色米粉堞成狮蛮,以小彩旗簇之,下以熟栗子肉杵为细末,入麝香糖蜜和之,捏为饼糕小段,或入五色弹儿,皆入韵果糖霜,名之'狮蛮栗糕'。"《乾淳岁时记》所记"春兰秋菊"也是如此:"以苏子微渍梅卤,杂和蔗霜、梨、橙、玉榴小颗,名曰'春兰秋菊'。"这样的重阳糕,是食品,也可以说是工艺品。

食重阳糕之俗,最初似乎只是尝新:重阳时"黍秫并收,以因黏米嘉味,触米尝新,遂成积习"(《玉烛宝典》)。这是说,因为刚刚收获了出黏米(北方的黄米,南方的江米)的庄稼,所以做了黏糕尝新鲜。但后来的人们对食重阳糕有了新的解释:借"糕"谐音"高",求步步高的吉利——这与其他时节的食糕相同。有的地方重阳糕要高达九层,上面还要做两只小羊(民国时是印双羊形象),表示"重阳"之意,这也就有了祝福长久之意。

重阳糕不仅自家食用,还馈送亲友,称"送糕";又要请出嫁的女儿回家食糕,称"迎宁"。此外,封建皇帝还有赐百官花糕宴的。

四 持螯会

除食重阳糕外,重阳节还有一种独特的饮食习俗——食蟹。螃蟹为水产美食,而重阳节期间的螃蟹肉最为鲜美,所以节期有食蟹之举,并形成聚会雅集。螃蟹的第一对脚叫螯,食蟹需持螯,所以这样的聚会即雅称"持螯会"。

重阳节持螯食蟹之俗以江南最盛,北方如北京也比较盛行。既然称

对菊持螯

183

"会"，就免不了相应的活动，普通人行行酒令、猜猜谜，文人雅士们则对对对子、吟吟诗。古典小说名著《红楼梦》就写过贾府的螃蟹宴。

登高节

重阳节最重要的节俗活动是登高，所以也叫登高节。这九月九的登高，与三月三的临水相对，一春一秋，意趣别具，为历代的文人墨客提供了无数的诗材，给今天的人们留下了亲近自然的理由。

一　登高原始

登高也叫踏高，它是很早就存在的一种秋令游赏活动，最初并不固定在九月九，意义也与后来的避灾有所不同。宋人高承的《事物纪原》说："齐景公始为登高"，是说战国的时候已经有登高的活动。不过当时的登高并不固定在重九。重九登高之俗始于西汉。刘歆《西京杂记》说："三月上巳，九

九重高拱

月重阳，士女游戏，就此被禊登高。"刘歆将重九和重三相对，并隐约指出
了登高的被除用意。魏晋南北朝时代，重九登高之俗已经完备，有关登高之
俗起源的传说故事也开始流行。其中最著名的传说，一是桓景避灾（参见前
节），一是孟嘉落帽。前者显示了诸多节俗的缘起，后者则展示了后世以游
赏为主的登高会的源头。

孟嘉是晋代人，是陶渊明的外祖父，当时在驸马大将军桓温的帐下任参
军。孟嘉少负才名，很受桓温的赏识。有一年重阳节，桓温在龙山大宴群僚，
吟诗联句，骋怀驰想。酒酣兴浓之际，一阵风起，吹落孟嘉的帽子，可他还
在高谈阔论、吟咏啸哦。掉帽子是有失体统的，别人作诗讥讽，才高胆壮的
孟嘉逞才傲物，语惊四座，折服了众人。由此，后世有人说九九登高之举以
"孟嘉落帽"为始。清人顾禄的《清嘉录》就说："孟嘉从桓温游龙山，亦九
日登高之举，后遂相承为故事。"

登高之俗从汉代开始固定在九月初九，虽有被除之意，但主要还在于游
乐。桓景的传说虽然被普遍接受，但"避灾"之说却不足以真确解释登高节
俗的缘起。实际上，重三临水与重九登高都是大自然的馈赠，是古人对大自
然的体认和融入。季秋时节，天高气爽，云淡风轻，登临无须冒热挥汗，凭

重阳登高

185

高可以极目远眺。这样的时候登高，可以骋目，可以畅怀，可以信志，大有孔老夫子春间"沐于沂"之概，何乐而不为！对此，古人其实早就注意到了："重阳，必以肴酒登高远眺，为时宴之游赏，以畅秋志。"（《千金方》）为"畅秋志"，故"登高远眺"。李白《九日登巴陵望洞庭水军》说得也颇为透彻：

> 九日天气晴，登高无秋云。
> 造化辟山岳，了然楚汉分。

在李太白来说，楚汉分明，当不只在目，亦在心怀吧？谁能不说这登临激发了诗人澄清宇内的志向？

二 登高会

我国重要节日的主要节俗活动，几乎无一例外地形成了节会。登高就有登高会。晋代人周处的《风土记》，就记载过当时的这种聚会："以重阳相会，登山饮菊花酒，谓之登高会。"小民百姓没条件讲排场，来一顿简朴的野餐。皇家的登高——南朝宋武帝上项羽戏马台登高，唐中宗李显临幸渭亭登高，明代皇帝亲临万岁山登高——虽然那"高"多了些人为的痕迹，排场怕是无以比拟的。最典型的登会，应该算是富家贵室、文人雅士们，请看：

滕王阁

每届九月九日，则都人士提壶携榼，出郭登高。南则在天宁寺、陶然亭、龙爪槐等处，北则蓟门烟树、清净化城等处，远则西山八刹等处。赋诗饮酒，烤肉分糕，洵一时之快事也。（《燕京岁时记》）

关于重阳节赋诗作文的故事，最著名的当属王勃作《滕王阁序》。据《唐朝野史》记载，十三岁那年重阳节的前一天，王勃到海南探望父亲，路遇一老翁，说南昌都督阎公邀客作《滕王阁序》，要王勃也去共享盛举，成一世之名。在老翁的一席清风帮助下，王勃一天就行了七百里的航程，赶上了滕王阁的

明唐寅《落霞孤鹜图》

聚会。这天，滕王阁高朋满座，人才辈出。都督阎公要露露他女婿的才，却故意让别人先来。别人都故意谦让，小小王勃却毫不犹豫地接过纸笔。都督心下颇为不满，忙派人看王勃怎么写。开始的几句报来，阎都督觉得毫无新意；接着报来的好些，但也"不过如此"；等到"落霞与孤鹜齐飞，秋水共长天一色"写出来时，都督拍案叫绝，王勃也由此声震文坛。

登临远眺，把酒赋诗，历史上的骚人词客留下了无数的登高诗篇。也不知是我国历史上的文人们生活太不如意了，还是诗人们太过"工愁"了，登高的诗篇中颇多写愁的句子。这里，引用不算知名的宋代词人刘筠《蓦山溪》带着亮色的句子，为我们大家祝福：

长啸对西风，觉志气、凌云缥纱。传杯兴逸，高会继龙山，簪嫩菊，

187

插红萸，相对年年好！

三　插茱萸

重阳登高要插茱萸、佩茱萸囊，因此登高会也叫"茱萸会"。插茱萸、佩茱萸囊之俗在西汉业已经存在。刘歆《西京杂记》曾记汉高祖宠妃戚夫人侍儿贾佩兰佩茱萸之举。至唐宋时，这种习俗更加盛行，王维《九月九日忆山东兄弟》诗有"遥知兄弟登高处，遍插茱萸少一人"句，唐郭震《秋歌》之二也说"辟恶茱萸囊，延年菊花酒"。

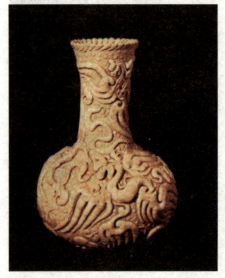

茱萸纹天球瓶

关于插茱萸、佩茱萸囊的缘起，多推及桓景避灾故事。后世对其作用的一般解释则是辟恶气、御初寒："九月九日律中无射而数九。俗以此日茱萸气烈成熟，尚此日折茱萸房以插头，言辟恶气而御初寒。"（周处《风土记》）不过，唐代以后，插茱萸增加了装饰美化的内容。北宋时，京师（今河南开封）妇女则剪彩缯为茱萸，以相馈赠。而明代申时行《吴山行》诗更有"拍手齐歌太平曲，满头争插茱萸花"之句，反映出当时插茱萸之俗的盛行。

诗人们是最惯于拿花花草草说事儿的，屈大夫早开"香草美人之思"的先河。如果某种花草附丽着民俗信仰，写在诗里就更有表现力了，所谓"语关风俗始动人"。茱萸就因为这种特点，被诗人们用来作了表达亲情、寄托身世之

茱萸纹绣绢

感的媒介了。最有名的当然是王维的《九月九日忆山东兄弟》：

　　　　独在异乡为异客，每逢佳节倍思亲。
　　　　遥知兄弟登高处，遍插茱萸少一人。

杜甫的《九日蓝田崔氏庄》则是寄托身世之感的名篇：

　　　　蓝水远从千涧落，玉山高并两峰寒。
　　　　明年此会知谁健，醉把茱萸仔细看。

菊花节

　　百花开放，因花而异时，因而各有各的花期。围绕某种花的花期，积淀了相关的风俗，由此就会形成与某种花相关的节日。菊花就是如此，因其季秋盛开，重阳时节又有赏菊、簪菊、饮菊酒、食菊糕之俗，所以也称菊节、菊花节。

一　赏菊簪菊

　　菊花是我国的传统名花之一，春兰秋菊并称，向来被视作花中神品。就此而言，褒赏菊花之风在屈原的时代就已经出现。汉代，人们饮菊花酒以延寿。到唐

东篱赏菊图

宋,赏菊之举蔚成大观。唐人咏菊诗无以计数,王维《奉和重阳节上寿应制》诗即点出了菊花节的名目:"无穷菊花节,长奉柏梁篇。"当然,宋词中咏菊的名篇佳制也不比唐诗逊色。据《东京梦华录》和《梦粱录》记载,宋时赏菊之俗最是盛举。届期,无论皇室贵戚还是文人士子、小民百姓,都要玩赏菊花。士庶平民不过买几盆来清赏;富家大族以及宫禁中则罗列各品鲜菊吟赏,且有丝竹宴饮。当时,菊花的"立体"欣赏之举已经出现,比如一般商肆用菊花装饰门户,宫禁之中则设重九排当、燃菊灯。周密《乾淳岁时记》说:"禁中例于八日作重九排当,于庆端殿分列万菊,灿然眩眼,且点菊灯,略如元夕。"这就为清代的所谓"九花山子"打下了基础。九花山子是各色菊花数盆堆成的,并结缀出吉祥的字样来。《燕京岁时记》记载说:

> 九花者,菊花也。每届重阳,富贵之家以九花数百盆,架庋广厦中,前轩后轾,望之若山,曰九花山子。四面堆积者曰九花塔。

不仅北京有这种堆叠菊山之俗,南京亦有。《中华全国风俗志》记载说:

> 重阳节……又以五色纸凿成斜角式,连缀成旗,竖之院中,以庆重阳。是时菊花大放,有茶肆招徕生意,用五色菊花堆叠成山,高下参差,颇有可观,动至数百盆云。

赏菊之外,又有簪菊。这种习俗起初或有辟恶的意思,后来则纯粹是为了装饰。周密《武林旧事》说："都人是日饮新酒，泛萸簪菊。"诗词诵及此俗的更多。唐代杜牧诗说："尘世难逢开口笑，菊花须插满头归。"宋代司马光《九日赠梅圣俞瑟姬歌》有句："不肯那钱买珠翠，任教堆插阶前菊。"又苏轼《次韵苏伯国主簿重九》诗说："鬓垂不嫌黄菊满，手香新喜绿橙槎。"此外，当时人们还用菊花装枕头，俗说可以去头风、明眼目。宋人陈元靓《岁时广记》记及此事，陆游《老态》诗之一也说："头风便菊枕，足痹倚藜床。"

二　菊糕菊酒

以菊花入饮食更是我国古老的风俗。早在先秦，屈原诗中就有"夕餐秋菊之落英"的句子。屈原时代究竟如何"餐菊"，不得而知；宋代却有以菊花入糕的"菊花糕"。《乾淳岁时记》说："都人是日饮新酒，泛黄簪菊，且各以菊糕为馈，以糖肉秫面杂物为之。"这种糕点是用面粉与糖饴制成，共有数层，每层夹以枣、栗子、山楂、葡萄、青梅等果仁、果脯，上黏菊花瓣。简单则只有一层，也就是所谓菊花饼了。因为菊花也叫九花，所以菊花糕也叫九花糕，简称花糕。《燕京岁时记》说："花糕有二种：其一以糖面为之，中夹细果，两层三层不同，乃花糕之美者；其一以蒸饼之上星星然缀以枣栗，乃糕之次者也。"

菊酒用菊花浸制而成，多在九九重阳节期制作、饮用。饮菊酒，在西汉文献中就有记载。刘歆《西京杂记》甚至已经谈

王素《赏菊图》

191

菊花会

到了菊酒的制作法："菊花舒时，并采茎叶，杂黍米酿之，至来年九月九日始熟就饮焉，故谓之菊花酒。"宗懔的《荆楚岁时记》也记载有饮菊酒之事。到唐宋，重阳节饮菊花酒已经蔚成风气。据《景龙文馆记》记载，唐中宗在慈恩寺大雁塔宴客，群臣献菊花酒祝寿。而宋人的《梦粱录》则明确指出了菊花的延寿作用："（重阳）世人以菊花、茱萸，浮于酒饮之，盖茱萸名'辟邪翁'，菊花名'延寿翁'。"实际上，菊花酒与桂花酒一样，是一种节令饮品，推广开来便可以成为一般的健身饮品。而且极富文化蕴含，酒醇韵长……

四　冬日风景长

寒衣节

　　我国的传统节日是最重人情味的，而这人情也延伸到了先人——那些故去的先祖和亲人。故去的亲人已经在阴间做鬼，但本着"事死如事生"的信念，民众还是把他们纳入了人情的范畴，时刻记挂着他们，而且专设了节日来抒发这份人情。寒衣节就是这样的节日之一。

　　寒衣节的节期在十月初一。它是我国传统的三大"鬼节"之一。说是"鬼节"，因为节日所关联的，都是故去的亲人。又因祭奠祖先的虔诚标志之一是哭，所以这些鬼节也叫"哭节"。三大鬼节与自然时令密切结合，又与生者的生活相关：清明冬去春来，冻土消融，杂草始生，整理坟茔正是时候，又可伴以春游；中元实在是个青黄不接的日子，但江河湖海之水正可利用，又可伴以消夏；十月一天气渐寒，正需加添冬衣，人鬼同此情，由阳间推及阴间，便要送寒衣，又可劝女红。但三大鬼节的节俗也有区别，清明主要是墓祭，中元以放河灯照冥拯孤为特色；而十月一最突出的是送寒衣，所以叫

烧寒衣图

超度孤魂

"寒衣节"（又因寒衣之"送"其实是烧，因此又叫"烧衣节"）。

寒衣节的主要节俗活动是送寒衣。到了节日，人们祭拜祖先坟墓，并在祖先墓前焚化彩纸剪成的寒衣等，或于晚间在门外焚化。所谓"寒衣"，旧时大多是五色彩纸剪成的，也有刻板彩印的。富豪人家更有请冥衣铺裱糊皮袄、皮裤等高级冬装的。

送寒衣的方法也有繁简之分，更有地区的差异。一般简单的方法是把寒衣带到坟茔烧化，或者于晚间在门前烧化。繁琐、郑重一些的，还要作封包，把寒衣及纸钱等装在里面，包封写明收寒衣者的姓字、行辈以及寄发人等，就像寄信和发邮包一样。《帝京景物略》记载明代的这种习俗说："有疏印缄，识其姓氏辈行，如寄书然。"地方史志记载现代的这种习俗更为详尽："（十月）初一日，谓之'鬼节日'。各家祭扫祖茔，并以五色纸剪制衣裤，用纸袱盛之，上书祖先名号，下书年月日、后裔某某谨奉，照式制若干份，焚于墓前，或焚在门前，取其子孙为先祖添衣之意。"（河北《张北县志》，民国二十四年铅印本。）

十月一送寒衣的习俗宋代已经颇为流行。孟元老《东京梦华录》描述当时汴梁（今开封）的情景道："城市内外，于九月下旬，即买冥衣靴鞋席帽衣缎，以备十月朔日烧献。"其后此俗一直衍传下来。清人潘荣陛《帝京岁

196

时纪胜》说："十月朔，……士民家祭祖扫墓，如中元仪。晚夕于缄书冥楮，加以五色彩帛作成冠带衣履，于门外奠而焚之，曰'送寒衣'。"

不仅古人如此，现当代人不乏古人的孝思，当然也就继承了古人的这种习俗。只是现在所烧，除了聊聊寒衣之外，封包里更增添了许多现代的玩意儿。就钱而言，除了国币已外，添了外国的，好让先人也能出国逛逛。此外，现代化的彩电、冰箱、手机、汽车也有，先人因此可以过上现代化的生活。村里的人们还要给先人弄一个"农转非"的手续，让他们享城里人的清福……如此等等，应有尽有。此风何以如是之炽呢？还是要从人情上找答案。只是"过犹不及"，先人未必喜好当今某些的奢华和纷乱，怕要斥为"不肖子孙"了。

牛王节

对于传统农业社会的人们来说，牛是不可或缺的，耕地用它，拉车用它，推磨用它……牛对乡土社会的百姓来说，可谓"于有功焉"。百姓自然不会忽视牛的这份辛劳和恩情，于是就有了礼待耕牛、敬祭牛王的牛王节。

牛王节有许多别称，比如直接称"牛节"，是说这天是牛的节日；比如"敬牛节"，意在礼敬耕牛；"牛魂节"，是说要祭牛魂；"惜牛节"，是说要爱惜耕牛；"洗牛节"，是说要给耕牛洗浴……

牛王节的节期也很不统一，有

牛 王

牛王庙戏台

四月八、五月五、六月六、七月七、八月十五、十月一诸说，而且都说当天是牛（或牛王）的诞辰（或叫牛生日、牛生命日）。诸说之中，以十月初一最为流行，其次是四月初八。节期的选定，一般都是当地农事比较轻闲的时候，而十月一时大部分地区农事已毕，所以有时间让耕牛休息，也能更好地表达人们对牛的总酬报。《大玉匣记》就说："牛王生辰在七月二十五日，今用十月初一者，以七月农方收获，故相沿改期，以便民也。"

牛王节的节俗活动，古代就已存在。除了祭牛王之外，最具人情味的是礼待耕牛。届时不管多忙，也要让牛休息一天，并用最好的饲料喂牛，这也就是所谓惜牛、牛歇气。此外还有打扮牛，即把牛栏整修一新，给牛梳洗干净，然后在牛角上挂花，或者挂糍粑，然后拉到水边让牛照影子，使牛高兴。显然，这些节俗用意都在犒劳、酬谢耕牛的辛劳。清人李调元的《新搜神记》说："今人多于十月初一相率祭牛王。牛于农家有功，以报本也……"

牛王也叫牛神、牛王菩萨，来源有多种说法，但民众更愿意相信是那个假传天帝命令（让世人"三日一食"）为"一日三食"的天神。牛王为农民所崇奉，也被许多行业（如运输、粮食加工）奉为保护神。不过，农人们祀牛王，更多地把情感指向了牛本身，虽然其中的一些活动不乏民俗信仰的成分——牛王节里，不能呵斥、鞭打牛，即便发现有牛偷吃庄稼或其他不当之事，也只能悄悄牵走了事。

牛王庙

庄稼人与耕牛的关系太密切了，对耕牛的感情太深挚了。一个牛王节，体现了庄稼人的纯朴、感恩，正如桂西北壮族农家的牛歌所唱：

惜衣方有衣服穿；爱牛才有五谷收。
奉劝世人惜耕牛，人畜两旺乐悠悠。

冬至节

冬至是二十四节气之一，也是一个重要的传统节日。相对于基于节气而形成的诸多节日来说，冬至节是其中蕴含最为丰富、节俗最为众多而且也最有继承性的一个。

一　冬至名实

冬至节有许多别名，这些别名蕴含了它作为一个节日的由来与特点等丰

宫廷冰戏图

富的信息。

冬至节也叫冬节。这不能简单地理解为冬至节的简称。它与夏节（夏至）相对，又与春节、秋节（中秋）相关，可见，"冬节"的别称，意味着它是一个冬天的最重要的节目。

冬至节也叫长至节、短至节。这两个名称关系着节气。冬至一般在农历十一月间，公历12月22日前后。此时，太阳到达南回归线，是一年中白昼最短的一天；相对来说，也就是白昼逐渐开始变长的一天。因此，这一天古人叫它"至日"，并说"至"有三层意思："阴极而阳始至，日南至，渐长至也。"又叫它"短至"，意思是白昼之短达到极点；相对来说，又叫"长至"，意思是白昼之长已经到来。由长至和短至，也就有了"长至节"、"短至节"的称谓。

冬至节也叫一阳节。这与长至、短至节同样是出于自然现象的说法，但却是基于阴阳五行学说的视点。阴阳五行学说认为日照多、白昼长是阳，冬至正是阳气开始逐渐旺盛起来的时节，所以叫"一阳生"，由此冬至日也被叫做"一阳节"。曹植的《冬至献袜颂表》就说："千载昌期，一阳嘉节，四方交泰，万物昭苏……"

冬至节有亚岁、肥冬之称。这是与年节（春节）相比较而言的。"肥冬"，是说冬至正当粮入仓、猪已宰、酒正酿的时节，饮食丰饶，不仅家家户户酒肉飘香，而且还要馈送酒肉给亲戚朋友。有地方志说："冬至，拜节，或以羊、酒相馈遗，谓之'肥冬'。"（清光绪八年刻本河北《怀来县志》）比较来说，年节时，各种饮食等物已经被消耗不少，不如冬至"肥"了。由此，民间还有"冬肥年瘦"的俗谚。因为冬至"肥"，而且还有诸多节俗，所以又叫"亚岁"，意思是冬至节亚赛年节。由此，民间又有俗谚："冬至大如年。"或说："冬至大似年。"有人对此概括说："十一月冬至节，丛火，祀家庙、福祠、灶陉，拜

拉冰床图

父母尊长，设家宴，亲戚相贺，与元旦一例。谚云'大冬如大年'，即吴中'肥冬瘦年'之说也。"（《中华全国风俗志·江苏仪征》）

冬至节又叫喜冬、贺冬节。冬至何以称"喜"，大概与所谓"阳气起"、"一阳至"有关。正因为"喜"，所以才有贺冬、秤冬之举，也才有了"贺冬节"这样的别称。而拜贺之举自然又给节日平添许多喜气，所以不能不是"喜冬"。

冬至节还有履长节、豆腐节等名称，涉及敬老尊师的风俗，后文将设专节介绍。

二　祀神扶阳

冬至节是在汉代成为通行的节日的，但在此前早有节令活动。在周代，冬至就有国家祀典。《周礼·春官》说："以冬至日，致天神人鬼。"就是说，当时的这一天要举行国家典礼，上祀天神，下祭人鬼。而《史记·封禅书》则说："冬至日，礼天于南郊，迎长日之至。"所以要在南郊礼天，大概是因为日照要从南回归线回归的缘故；而目的是"迎长日之至"，可见人们是把"长日"当作喜、当作福了。这种国家祀典后来历代也都延续了的，只是由于节俗增多，显得不那么突出了。但我们还是可以从文献记载中找到它的身影："长至南郊大祀，次日百官进表朝贺，为国大典。"（《帝京岁时纪胜》）

201

天坛是明清皇帝祭天的地方

　　天神之外，还要祭人鬼，也就是祭祀祖先。这种祭祀有家祭、庙祭的，比如："家无大小，必市食物以享先，间有悬挂祖先遗容者。"(《中华全国风俗志·江苏吴中》)；也有墓祭的，比如："是日士民祭始祖墓"(河北《柏乡县志》)。从文献记载来看，许多著述特别指出冬至之祭是祭先祖、始祖，这说明冬至节的祭祖包罗广远，也说明其很为重要。这样的祭祖，颇有些像除夕的祭祖，也间接说明了"冬至大似年"。

　　冬至节同样具有信仰意义的习俗是扶阳。只是它的载体是燕饮和某些特别的食品。冬至"一阳初至"，阳气既小又弱，所以需要扶助，使其健旺。人力当然无法加快太阳的回归，因而只能靠象征性的行为来扶阳。民间扶阳的方法，有"拥炉会饮"，因为炉火与酒都属阳，围炉温酒，团聚共饮，既扶了阳，又庆贺了节日；有吃冬至团，南方的团子也就是北方的丸子，因为是圆形，所以象征天、象征阳，吃这种冬至团（福建等地也叫"团圆子"）也算是扶阳。在今天看来，扶阳也许并不那么重要，但家人聚会、馈送亲友（诸如冬至团）以庆贺节日，却忽视不得；在贺节的同时扶阳，也未尝不可、未尝不好，诗人们不是也说："冬天来了，春天还会远吗？！"

郊祭纪胜图

三　似年诸象

　　冬至节亚赛年节、大似年节，它有些什么习俗呢？除了以上已经介绍的，这里再与年节一一比较，缕述其详。

　　年节的前一天叫除夕、除夜，冬至节的前一天叫冬除。宋陈元靓《岁时广记》引《岁时杂记》云："冬至既号亚岁，俗人遂以冬至前之夜为冬除，大率多仿岁除故事而差略焉。"有的甚至连这一点"差略"也省略了，干脆也叫除夜。宋代大诗人陆游《老学庵笔记》说："予读《太平广记》三百四十卷有《卢质传》云：'是夕冬至除夜'，乃知唐人冬至前一日，亦谓之除夜。"

　　年节之前要忙年——备办年货，馈送亲友，各业休假，冬至也是如此。宋人孟元老的《东京梦华录》记载说："十一月冬至。京师最重此节，虽至贫者，一年之间，积累假借，至此日更新衣，备办饮食，享祀先庙……"我国民间历来都是注重亲情戚谊的，表现之一就是逢时过节向亲戚朋友师长等馈送礼品。冬至既然"肥"，当然就要让亲友等分享，所以馈送新春谷、新酿酒、新宰肉的人们便"提筐担盒，充斥道路"，名曰"馈冬"。

　　年节祀神祭先，冬至一如前述，丝毫不爽。有趣的是，冬至也要祭灶。

堆雪人

冬　猎

近代《江南志书》引用宋人陈师锡的《家享仪》；就说冬至前一天家祭灶。近人胡朴安《中华全国风俗志》也提到了江苏仪征冬至日"祀……灶陉"。

　　除夕要吃团年饭，冬至同样如此，也在冬除。届时也是少长咸集，阖家聚食，而且竟然也叫"添岁"。

　　当然，冬至节俗与年节最一致的是拜贺了，名叫"拜冬"、"贺冬"。东汉崔寔《四民月令》说："（冬至）进酒肴，及谒贺君师耆老，如正旦。"这里的"君师耆老"，概括得极为丰富。晚近的方志所记，也基本相同："冬至日，缙绅拜阙，士人拜师长，子孙拜祖父，曰'贺冬'。"（河北《怀安县志》）需要特别指出的是"拜阙"。拜阙也就是到皇宫里朝拜君主。拜阙的有本国臣僚，也有外国的使节。沈约《宋书》记载了南北朝时的这种习俗："魏晋冬至日，受万国及百僚朝贺。"此后历朝各代，这种朝贺之礼越搞越排场，格外的风光。许多文人为这事儿大献颂诗，而汉代诗人还给出了朝贺君主的缘由："冬至，阳气起，君道长，故贺。"（《独断》）

四　冬至馄饨

冬至的节令食品，前述有冬至团，但最知名的是馄饨，所谓"冬至馄饨夏至面"。

冬至吃馄饨之俗，最晚在宋代已见于记载，陈元靓《岁时广记》说："京师人家，冬至多食馄饨。"周密《武林旧事》说："享先则以馄饨。"而之所以要在冬至吃馄饨，民间有不同的解说。有的说是馄饨像鸡蛋，可以象征天地浑沌的情景："夫馄饨之形，有如鸡卵，颇似天地浑沌之象，故于冬至日食之。"而冬至一阳初生，天地刚刚从浑沌中走出来，吃馄饨可能就是为了告别浑沌吧？也有的说是冬至象征浑沌初分之时，食馄饨可以让人聪明："冬至日，作馄饨为食，取天开

冬至饺子

冬至馄饨

于子（按干支计算，农历十一月属子），混沌初分，人食之可益聪明。"（河北《柏乡县志》）饺子与馄饨类似，有些地方以水饺擅名，所以俗谚也就成

了"冬至饺子夏至面"。而吃饺子俗称"安耳朵"（挤饺形似耳朵），民间习俗认为冬至不吃饺子会冻掉耳朵，对农事收获也不利。

关于冬至，还有一句谚语，叫"干净冬至邋遢年"（"干冬湿年"）。意思是说，如果冬至不下雨雪，过年时就要下雨或下雪，搞得道路湿滑泥泞。反之，冬至下雨下雪，除夕就会是晴天。

履长节

　　冬至节有关社会生活领域的习俗，主要是履长和隆师。这两种节俗也都与时令有关，指向的对象为师长，也有一致性，所以概括为一节。

一　献袜履长

　　履长的含义有二，一是说时光到了冬至，太阳正当南极，日晷的影子最短，而音律上则正当黄钟，乐器的管子最长，所以有"履（践，踏上）长"之贺。一是说冬至阳气开始生长，白昼从此渐渐长了，妇女在这一天要献履

洛神赋图中的曹植

袜给舅姑（公婆），也表示冬季女工的开始。两说之中，显然后一说更容易被大众接受，因此履长节的意义也正在于此。

　　履长节风俗比较古老，至晚在魏晋南北朝的时候已经形成并比较普遍地流行开来。《太平御览》引述后魏崔浩的《女仪》说："近古妇人，常以冬至日上履袜于舅姑，践长至之义也。"魏晋著名诗人曹植曾作《冬至献袜颂表》，表文也说："伏见旧仪，国家冬至，献履供袜，所以迎福践长……"崔浩、曹植二人的诗文中，有"近古"、"旧仪"一类文字，由此可知，在他们生活的年代以前，献履供袜的习俗已经存在。其后，这种风习一直流传着，例行不衰。唐代段成式的《酉阳杂俎》说："北朝妇人常以冬至日进履袜及靴"；清人《熙朝乐事》说：冬至"妇女献鞋袜于尊长，亦古人履长之义也"。近人胡朴安《中华全国风俗志》也记及近代杭州此俗："冬至俗名亚岁，……妇女献鞋袜于尊长，盖古人履长之义也。"河北《徐水县新志》的记载也隐约地反映出这种风俗在现代的余绪："冬至日，谓之长至。食水饺。女红添弱线。"

　　履长节其实就是我国传统的敬老节。孝敬尊长是这个节日的主题，表现方式除了礼拜之外，就是献履献袜。在这里，节俗活动又是与自然节气和社会生活密切联系在一起的：冬至时节，已到隆冬，子女晚辈正应该给尊长们加衣添裳；冬至又是冬闲的开始，也正是妇女纺织缝补、勤于女红的好时候。

敬老院。河南卢氏剪纸

献履献袜，不仅可以表达媳妇对公婆的一片孝心，也可以检验、敦劝妇女们的女红。

　　关于冬至，还有一句俗语，叫"过个冬，去个公"。民间风俗认为，冬至节这一天，媳妇不能住在娘家，必须回婆家；否则，来年必定会害死家长（公婆）。其实，"去个公"的说法不过是个幌子，民俗的根本在于让媳妇回家孝敬公婆，勤于女红。这种民俗信仰，与履长之义是恰相吻合的。

二　隆师重教

　　冬至节有一项特别突出的活动，旧时概括为"隆师"二字。它与孔子圣诞共同组成了我国的尊师重教之节。这种节俗也是与时令及生产、生活的安排相关的。在传统乡土社会，人们平日无暇太多地顾及教师，而当新谷入仓、酒内丰饶，同时也比较消闲的时候，他们便选定冬至日表达尊师重教的意愿与心情，一古脑儿地把热情、敬意及其物化形态如礼物、宴席等堆给教师。

　　隆师的节俗，不外礼拜、宴飨老师，或者还要拜奠先师孔子。不过，在乡土社会，财物有限，对师之"隆"也不过是酒脯，甚至是几块豆腐："各村学校于是日拜献老师。学生备豆腐来献，献毕群饮，俗呼为'豆腐节'。"（山西《虞乡县新志》，民国九年石印本。）

　　冬至作为一个尊师重教的民间节日，除了拜师的节俗外，还有拜圣、请教习、学馆放假、烧字纸等习俗。拜圣与拜师指归一致，只是所拜对象不同。拜圣的"圣"指大成至圣先师孔子，此俗与孔子圣诞的礼俗大略相同。

　　放假、请教习都是旧日乡学、家塾的冬至习俗。乡学、家塾视冬至为节，

学馆教生

书生礼拜

所以放假，或礼拜师长，或同窗互拜。南京风俗："冬至节……凡工艺及学生均放假一日。谚云'冬至大似年，先生不放不给钱。冬至大似年，东家不放不肯歇'。"（《中华全国风俗志·南京采风记》）似乎这假不能不放。请教习则是预请冬学或来年学馆家塾的教师，并奉礼确定其事。"旧日学校或家庭聘请教习，均以此日订之。"（山西《翼城县志》，民国十八年铅印本。）

敬惜字纸是一种传统的信仰风俗。字纸即写过字的纸。读书人视字为神创之物，对字纸格外崇敬、爱惜，平时写过的字纸绝不乱丢乱扔，而是好生地收集起来，等到一定的时机（如圣诞、祀文昌、惜字会以及冬至等）才烧掉，学馆等处还有专供焚烧字纸的字纸亭阁。这种信仰风俗，就称"敬惜字纸"。

腊八节

腊八节是进入腊月的第一个节日，也可以说是年节的先导。它是一个古老而年轻的节日，起源甚早，有些节俗今天已成文化化石，有些则依然鲜活地搬演着。它又是一个复合性的节日，节俗融合了佛教的内容，体现了中外文化的交流与融合。

一　腊日由来

腊八节的名称是建立在"腊月"这个称谓的基础上的，那么，农历的十二月为什么要叫腊月呢？这又要从腊说起。

腊是一种古老的岁末祭祀仪式，也叫蜡。这种仪式在农历十二月举行，所以这个月也就叫腊月或蜡月，但用"腊"还是用"蜡"，古代各朝代并不统一。比如周代用蜡，汉代则改为腊；唐代用蜡，宋代则又改成了腊。这样改个不停，与古代所谓"五德终始"（各个正统王朝均占五行之一，相生而接续）观念有关。好在后来这种变化多用于祭祀的名称，甚至两种祭典同时并存，月份则基本上从汉代开始固定称"腊"了。

腊祭所祭祀的是百神先祖。在先秦时代，这里所说的百神主要是五祀：

圖說中國節

万神图

门、灶、户、井、中霤之神。而祭祀的方法，是获取百物，奉献给神祇和先祖。而腊与蜡的区别，就在于腊就是猎，猎取百兽来祀先。《史记正义》说："十二月腊日也……猎禽兽以岁终祭祖先。"而蜡则是"索"，是聚集万物来敬神。因此晚近时代的地方志曾总结说："腊祭先祖，蜡报百神，同日而异祭也。"

最初的腊祭并无确定的日期，并且也有孟冬和季冬的分歧，后来才统一在了季冬十二月。至于腊祭专用十二月八日即腊八，则是更晚的事情。汉代以冬至后的第三个戌日为"腊日"；至晚到南北朝时期的梁，有些地区已经确定了腊日的具体日期，即："十二月八日为腊日"。由此，后世民间俗称腊日为"腊八"。

二 腊鼓驱疫

古时腊日的习俗除祀神祭祖之外，还有"傩"。傩是一种驱逐疫鬼的仪式，传说始于黄帝之时，一般认为始于周代。南朝梁宗懔《荆楚岁时记》说："《周礼》有大傩，《汉仪》有侲子，驱傩之事虽原始于黄帝，而大抵系周之旧制。周官岁终命方相氏率百隶，索室驱疫以逐之，则驱傩之始也。"由此可知，当时这是一种官府之举，甚至有天子主持，《吕氏春秋·季冬》说："天子居玄堂右个……命有司大傩旁磔。"后来当然也行于民间，《论语·乡党》就记载有"乡人傩"。而这种仪式的用意，则是逐阴导阳、辟灾求祥。高诱《吕氏春秋》注解释说："大傩，逐尽阴气为阳导也。"

腊鼓驱疫的方法，从史料可知，一般是戴面具装成金刚力士、方相等，持刀执钺，众人击鼓呼噪，以逐除厉鬼、疫病。汉代班固《东京赋》说："卒发大傩，驱除群厉。方相秉钺，巫觋操苅；侲子万童，丹首玄制。"梁代宗懔《荆楚岁时记》也记载说："十二月八日为腊日。谚语：'腊鼓鸣，春草生。'村人并击细腰鼓、戴胡公头及作金刚力士以逐疫，沐浴转除罪障。"这种逐除之"傩"，后来在贵州一些地区演化为"傩戏"，其面具可以说是古傩面具的活化石。

大傩图

乡人傩

211

太平腊鼓

腊日击鼓驱疫是一种巫术活动，所驱的疫鬼"善惊小儿"，所以这项活动与小孩有关。而这种巫术活动，后来在民间转换了形式，变成吃炒豆麦等。无论豆、麦，要炒熟炒爆，然后吃一些，叫"咬鬼"；也可以扔少许在路上，俗说如此则小儿出痘（天花）稀。这种习俗，不能不说与吃腊八粥有所联系。

三　食腊八粥

不过，古代腊祭的礼俗和驱疫的仪俗逐渐褪去颜色之后，流传至今的腊八节俗就主要是食腊八粥了。

关于腊八粥的起源，一般认为源自佛教，所以也叫"佛粥"。但从比较晚近的记载来看，民间有在腊月初一或初五吃炒熟的杂谷杂豆的习俗，或者还要扔一些到路上，说是"咬鬼"或者祈禳小孩子不出水痘；民间也有把腊八粥叫做"防风粥"的，说是喝了这粥，可以御寒。这些习俗，多少透露了一些古代腊日驱疫的信息，因而也就不能说腊八粥完全源自佛教；反倒是佛借助了我国的古老习俗，将之转他而发扬光大了。

释迦牟尼接受牧女送的乳糜

　　腊八粥跟佛教搭上关系，与佛祖释迦牟尼成道有关。传说释迦牟尼成道前苦修六年，略无所获，自知一味苦求不得妙法，于是在河中沐浴，并食牧女苏耶妲（意译"善生"）送的乳糜，恢复了精力，在毕钵罗树下悟了道。乳糜即乳粥，是用牛、马等的乳汁和米粟煮成的，是印度各种食粥中的上品。"后来的佛门僧众很看重给佛祖力量的粥，视其为良药："粥名良药，佛所称扬；义冠三种，功标十利。"（《释氏稽古略》引五代齐己《粥疏》）

　　食腊八粥之俗在宗懔的《荆楚岁时记》中未见记载，但至晚在唐代已有这种习俗。唐人李福有《腊八粥》诗，诗云："腊月八日粥，传自梵王国。七宝美调和，五味香糁入。用以供伊蒲，藉之作功德。"到宋代，这种习俗已经十分流行，腊八粥配料、制作、食法的谈论颇多。孟元老《东京梦华录》说："初八日……诸大寺作浴佛会，并送七宝五味粥与门徒，谓之腊八粥。都人是日各别家亦以果子杂料煮粥而食也。"

　　关于腊八粥的配料、制作，写来最详尽的当推清人富察敦崇的《燕京岁时记》，他说：

　　　　腊八粥者用黄米、白米、江米、小米、菱角米、粟子、红江豆、去皮枣泥等，合水煮熟，外用染红桃仁、杏仁、瓜子、花生、榛穰、松子及白糖、红糖、琐琐萄，以作点染。切不可用莲子、扁豆、薏米、桂圆，

213

用则伤味。每至腊月七日，则剥果涤器，终夜经营，至天明时则粥熟矣。除祀先供佛外，分馈亲友，不得过午。并用红枣、桃仁等制成狮子、小儿等类，以见巧思。

腊八粥

这里的腊八粥已经失去了原来的意义，说它是佛粥，更不如说是反映上层社会生活的美食。

与腊八粥相关，还有一些俗信。一是要把腊八粥四处涂抹，目的是去除不吉，或者促使果树多结果、妇女早生子。河北地区的两种县志就说："将粥涂于墙壁、树木、门灶等处，以禳不祥。"（《张北县志》）"以粥抹果树上，则多实；或贴妇人背上，以祝生子。"（《遵化县志》）一是腊八粥以早食为佳，民间认为食粥早，则五谷的收成也早，俗谚有云："谁家烟囱先冒烟，谁家高粱先红尖。"

祭灶节

祭灶是春节期间的一项重要习俗活动，它与年节相连，又有一定的独立性。因其重要而且相对独立，民众差不多把它当成了一个节日，不妨称作"祭灶节"。

一　灶与灶神

祭灶也叫祀社，是一种十分古老的风俗，上古的时候就存在。先秦时候的国家礼俗中，无论是五祀还是七祀，都包括有灶。不过，与后世不同的是，那时是在夏天祭灶，《礼记》就说"孟夏之月其祀灶"，汉人应劭的《风俗通》也说："夏祭灶者，火主之，人所以自养也，夏亦火王，长养万物。"汉以后，祭灶大多在腊月进行，但日期也不固定。比如南朝梁人宗懔的《荆楚岁时记》

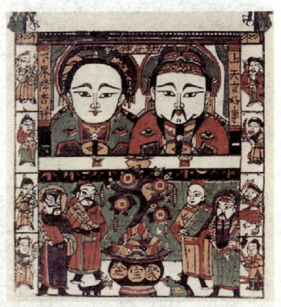

灶神像

黄羊祭灶

灶君庙

说，当时的荆楚之地是腊八祭灶。但在此前的晋代，周处的《风土记》就说："腊月二十四日夜祀灶，谓灶神翌日上天，白一岁时事，故先一日祀之。"此后，全国逐渐统一在腊月二十三四祭灶，北方多在二十三，南方多在二十四。

灶神也叫灶王、灶君、灶君菩萨，俗称灶王爷。先秦五祀中所祭的灶神，还只是以万物有灵信仰为基础的"灵物"。这显然不符合大众的口味，因此后来的灶神人格化了，而且被附会在了许多传说人物的身上。在传说中，黄帝、炎帝、祝融都是灶神；另外还有说灶神是一位老妇人，她最先用灶，祭灶是为了报答她的恩德。现在流行的关于灶神的传说，见于唐段成式《酉阳杂俎》所载：灶神姓张名单字子郭，长得像个美女。他不仅有一个叫"卿忌"的夫人，有六个都叫"察洽"女儿，还有好几位兵将。他常在每月的最末一天上天报告人们的罪状，并根据罪行的大小折人的阳寿。

本来，最初的灶神只是职掌灶火、管理烟火饮食的，然而在传承过程中，灶神的权力范围逐渐扩大，时至今日，他的职掌除灶火之外，主要是考察人间的所作所为，上告天帝。这里的灶神已经是天帝派驻人间的全权监察代表，即《敬灶全书》所谓"受一家香火，保一家康泰。察一家善恶，奏一家功过"了。

二 糖瓜祭灶

灶神的画像叫"灶祃"。一般是木版彩印的，中间有身着官服的灶王爷，身边是灶王奶奶，两边有的还会写上"上天言好事，回宫降吉祥"的联语。祭灶前要买来新灶祃，祭灶时撤旧换新，在神祃下焚香三炷，供奉果品点心等。

送灶神

祭灶除了一般祀神的焚香供果之外，还有一些独具特色的仪俗和用品。祭灶也叫送灶，就是送灶神回天宫向天帝汇报人间的情况。要送，当然就要有交通工具。旧时的交通工具，不外车和轿。因此，旧时祭灶有用纸扎的车舆的，也有用轿的。车要马拉，所以还要有马；而马要吃草料、饮清水，所以草秣、粮豆和清水也是不可少的。草秣、粮豆、清水自然不难办到；马却不方便真牵了一匹来，因此有的地方就用公鸡代替，更多的则是用纸做的马（有的只是一块黄色方纸）。总之，民众对灶王爷的出行可谓考虑周到了。

还有一种祭灶用品叫胶牙饧，也叫灶糖、糖瓜，是一种软而有黏性的饴糖。这种饴糖是用来糊灶神口的，目的是让灶神在向天帝汇报时少说人间的坏事，民谚所谓"辛甘辣臭，灶君莫言"，民谣所谓"粘糕堵你的嘴，糖瓜黏你的舌，今夜上天去，好话要多说"。有的地方还用酒糟涂抹灶门，叫"醉司命"（司命也就是灶神），也是意在使灶神上天时醉悠悠、笑眯眯地，没法儿说坏话。看来，"拿人手短，吃人嘴短"，神祇也莫能外啊。

灶神送走了，当然还要接回来。所以又有迎灶、接灶之俗。灶神上天宫，大概要待一个星期左右的时间，到元旦五更的时候回来。接神的仪俗比送神要简单一些，焚香供果而已。此外就是再焚化一匹纸做的马儿，意思是送马去迎接灶神回宫。

217

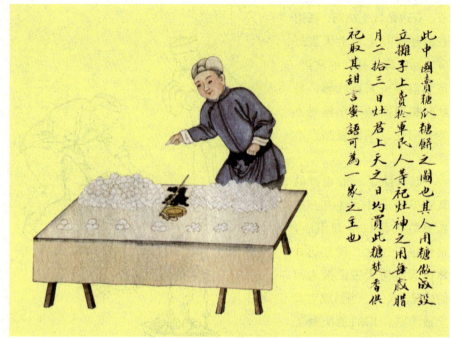

此中圖賣糖瓜糖餅之鋪也其人用糖做成設立攤子上賣於軍民人等祀灶神之用每歲臘月二拾三日灶君上天之日均買此糖焚香供祀取其甜言蜜語可為一家之主也

卖糖瓜糖饼图

　　按旧时的规矩，妇女不得参与祭灶，俗语所谓"（男不拜月）女不祭灶"。这种习俗也是由来已久，其根源在于传统社会性别角色的不同。在传统中国，男性是家里的主宰，妇女处于从属地位。而灶神有"一家之主"之称，当然要由家长率领男性家庭成员来祭祀，妇女就只好避开了。

　　最后，我们引述宋代诗人范成大的《祭灶词》，来进一步佐证祭灶作为重要年节活动的情况，诗中末尾的五句不妨看作主祭者的祝词：

　　　　古传腊月二十四，灶君朝天欲言事。
　　　　云车风马小留连，家有杯盘丰典祀。
　　　　猪头烂熟双鱼鲜，豆沙甘松粉饵团。
　　　　男儿酌献女儿避，酹酒烧钱灶君喜。
　　　　婢子斗争君莫闻，猫犬触秽君莫嗔。
　　　　送君醉饱登天门，杓长杓短勿复云。
　　　　乞取利市归来分！

小年

　　小年也叫小岁、小年夜，是相对于大年（春节）而言的传统节日，流行于我国大部分地区。不过，小年节期却很不统一，除了与半年节重叠的六月初一之外，主要有：腊月二十三四，也就是祭灶日；冬至，或十月的某一天；正月十五，也就是元宵节。

　　不过，小年节期无论在哪一个日子，或年前，或年后，都与年节相近。冬至距大年较远，但有"亚岁"之称，自然会被老百姓当做小年。正月十五是大年过后的又一个大节日，但毕竟小于大年，所以也被叫做小年。而流行最广的小年节期，是祭灶的二十三或二十四——这个日子离大年最近，仿佛是大年的预演，所以最广为人所接受。

窗花

　　过小年的习俗，早在汉代时就有记载。汉人崔寔的《四民月令》记载说："腊明日更新，谓之小岁，进酒尊，修贺君师。"不过，日期是在腊日的次日。这种习俗后代也沿袭了下来。宋人徐爰的《家仪》（《太平御览》引）记载宋代的这种风俗，说这个节日是"小岁之贺"，不是"大庆"，所以节俗活动只是合家团聚，饮酒宴乐。

　　晚近一些的小年习俗，颇有与大年接轨的势头，也十分的热闹。清人姚兴泉记载安徽的这种习俗时，就如此喟叹过："二十日晚，设酒醴以延祖先，自密室达门外，内外洞澈，灯烛辉煌，而花炮之声达于四巷，几与除夜无异，土人谓之小年。"确实，这里的习俗已与大年相差无几，不同的只是没有贴

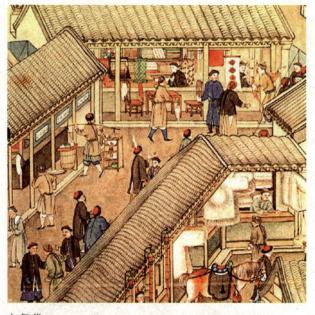
办年货

春联等少数几项了。

我国少数民族也有过小年的习俗。比如仡佬族是在十二月三十或七月初六，节俗主要是宰牲祭祖，其中突出的一点是用糍粑堆成宝塔形状，在塔上放一纸条，意思是搭桥迎接祖先回家过年。羌族则是在十月初一过小年，也要宰小羊小牛或鸡祭祖敬天，还要呷酒歌舞，庆祝丰收。

除 夕

除夕是我国最大传统节日春节的一个部分，它与元旦共同构成了春节的主干。说它们是一个节日可以，说它们是两个节日也未尝不可。而且就节日的起源来说，与除夕的关系更为直接；就习俗的多寡来说，除夕更为丰富。

一　释名溯源

除夕也叫除夜，"除"是"除去"的意思，就是说旧的一年将要过去；"夕"、"夜"当然是指晚上。因此，除夕的意思，就是旧年将除的晚上。但除夕的节俗活动远远超出了晚上，所以这个日子或节日也叫"岁除"。此外还有一个包括元旦在内的名称，就是"年"，民间所谓的"年节"、"大年"，指的都是这个节日，而所谓"大年夜"则专指除夕。

除夕最初并不是一个喜庆节日，而是与腊祭及傩有关。如前所述，腊祭是腊月里击鼓驱疫的习俗。而除夕也有"击鼓驱疫病之鬼"的习俗，称为"逐除"。流传至今的除夕节俗如贴春联、放爆竹、燃灯守岁等等，都是从"逐除"而来的。就此而言，除夕的"除"似乎也不无"驱除"的意味，同时除夕也与元旦鲜明地区别开来：除夕是驱鬼除疫的节日，而元旦则主要是迎春贺新。

宫廷玩雪

古书上说除夕逐除的是"疫病之鬼"，或说是"山魈"，比较笼统；而在民间传说里，则明确指出除夕逐除的是一种叫"年"的怪兽。相传这只怪兽一年四季都在深海里，只有除夕才爬上岸来。它一上岸，所到之处便是洪水泛滥，人们只好搬到高山上去避难。有一年除夕，正当人们奔走避难的时候，来了一个乞讨的老头，执意要留在村里，说是要赶跑怪物。晚上，"年"来到村里，见有一户人家门口贴着红纸，院子里灯火通明，屋里一个穿红袍的老头手拿两把菜刀剁个不停，发出雷鸣般的声音。"年"见此情景，掉头便逃回了海里——原来它最怕红色和刀砧之声。后来，为了不再受"年"的侵扰，人们便在除夕贴出对联、张挂彩灯、穿花红柳绿的新衣，还要剁饺馅、包饺子，晚上还要点明灯、燃旺火、放爆竹。

二　红火过年

神荼、郁垒

春节期间最突出的两个民俗事项，是贴春联和放爆竹。这种习俗一直延续到了当代，用意当然是庆祝，而起初它们却无一不是用来"逐除"的。

春联的前身叫"桃符"，也叫"桃板"，是用桃木板制成的。起初板上并不写字，而是画门神神荼、郁垒的画像，用意是驱鬼辟邪。古人认为鬼害怕桃木，桃木能制服百鬼。因此，早在汉代便有了用桃制作厌胜之具的风习，诸如桃人、桃印、桃梗、桃板、桃符等。当时这些制品并不只是用在除夕，比如桃印（以桃木刻印）便有用在仲夏的："仲夏之月，万物方胜，日夏至阴气萌作，恐物不茂……以桃印长六寸，方三寸，五色书文如法，以施门户。"（《后汉书·礼仪志》）当然更多的是用在除夕："县官常以腊除夕饰桃人，垂苇索，画虎于门，皆追效于前事，冀以卫凶也。"（《风俗通·祀典》）在这几种桃制厌胜用具中，桃人是以木削成人形，没有文字符号，立于门傍，桃梗略同于此；印、板、符都是有符号的，最初是巫术咒符，后来又有画神荼、郁垒像的，刻字或写字是晚出的形制。

关于春联前身写字桃符的出现，还有一些传说。宋人黄复休《茅亭客话·蜀先主》说：

先是，（五代）蜀主每岁除日，诸官门各给桃符一对，俾题"元亨利贞"四字。时伪太子善书札，选本宫策熏府桃符，亲题曰："天垂余庆，地接长春"八字，以为词翰之美。

大过新年。杨柳青年画

更普遍的说法是五代后蜀之主孟昶在蜀国灭亡前一年的除夕，在寝宫门边的桃符板上题写了"新年纳余庆，佳节贺长春"，这被后人认为是最早的一副春联。据说，这样上下句联语的桃符（春联）在宋代开始普遍流行，理由是王安石《元日》诗有"千门万户曈曈日，总把新桃换旧符"的描述。其实孟元老和吴自牧都在他们的著作中谈到了当时挂桃符的风习。《东京梦华录》说："市井皆印卖门神、钟馗、桃板、桃符。"《梦粱录》说："钉桃符，贴春牌。"

纸制的春联是明清才兴盛起来的。由于纸制春联容易制作，费用也小，相对地形制也便多了起来。除了传统的门框（扇）上的对联外，增加了门楣上的"横披"（也叫横楣，俗称

写春联

223

躺子），从而构成了现代完整的春联类型。此外还有斗方，是在一块方纸上对角写字，有的只写一个字，如"福"字；有的在每角各写一字，构成四字吉祥语，如"吉祥如意"，贴在影壁、门扇、枪头上。还有帖子，是单条的字纸，贴在一些窄小的地方，如米面柜、缸以及车辕等处，写"米面如山"、"日行千里"等，小儿女们则写"好"字。

春联一般是红纸墨字或金银字，所谓金、银即用金、银粉写字。此外也还有其他样式，如《燕京岁时记》所说：

> 春联者，即桃符也。……祭皂以后，则渐次粘挂，千门万户，焕然一新，或用朱笺，或用红纸，惟内廷及宗室王公等，例用白纸，缘以红边蓝边，非宗室者不得擅用。

这里，谈到了春联区分尊卑的情形。在旧时代，春联上确实可以区分贫富贵贱，这倒不是规制的约束，而是因为贫家根本无钱置办价钱高的对联，更有不识字的人家以碗底抹锅底灰（稍加食油）扣圈代字的。就颜色看，旧时除宫廷用白宣镶边外，庙宇用黄纸，守孝之家用蓝纸。封建王朝被推翻的今天，除庙宇及守孝之家外，春联一般都是用红纸。

爆竹和春联一样，最初也是巫术的一种工具，作用也是驱辟妖魔鬼怪。最初的爆竹并不像现在的鞭炮，而是真正的竹子，即焚烧竹子，发出噼啪之声，惊吓鬼怪。据东方朔的《神异经》说：西方有个一尺来长的怪物，叫"山猱（魈）"，人要是冒犯了它，就会得寒热病；但这个怪物害怕声响，听见噼啪之声就会逃走，所以人们才把竹子扔到火中燃烧来惊吓它。《神异经》没有谈爆竹和年节的关

 吉语题联

系，宗懔的《荆楚岁时记》则明确指出了这一点："正月一日，……鸡鸣而起，先于庭前爆竹、燃草，以辟山臊恶鬼。"这里的焚烧竹子使其爆响，正是爆竹的原义，也叫爆竿。后世的爆竹是纸卷火药做成、点燃发声的，也叫爆仗、炮仗、鞭炮。据史籍记载，三国时期就有爆仗存在，有时用于军事活动，而到隋炀帝时，这位玩乐皇帝把爆仗用于杂戏，火药故乡的爆竹从此与娱乐结下不解之缘。

爆竹发展到今天，其形制、种类、威力都远较历史大为进步了。而燃放爆竹的风气也似乎同步发展和达到了空前的境地。无论市镇还是乡村，每当除夜行交子时，噼噼啪啪的爆竹声便响了起来，响彻天宇，震耳

放炮竹剪纸

爆竹迎新。杨柳青年画

欲聋。

　　除春联、爆竹之外，还有一种驱鬼辟邪的习俗，就是焚烧柴草或煤炭。这种习俗因地方的不同而有许多别名，所用材料也不同，但一脉相承，都源自古时候的庭燎。如前所述，爆竹原本就是焚烧竹子使之爆裂出声，后来声的功能由炮仗代替了，色的功能则转移为庭燎——在庭院中烧柴草。后来的燎岁、燎星、烘岁、㷉岁、㷉祟、照新草等，无论从名目还是从仪俗上来说，都与庭燎一脉相承。江南（如杭州）的火堆叫松盆，烧的是木柴，北方则多用煤炭垒成塔的形状，叫做塔火、旺火、棒槌火。明人高濂的《四时幽赏录》谈到了杭州的这种习俗，他说："除夕唯杭城居民家户架柴燔燎，火光烛天，挝鼓鸣金，放炮起火，谓之松盆。"而方志也记载了北方的这种习俗："家家凿炭代薪，磊磊高起，状若小浮图，及时发火，名曰'旺火'。"（山西《大同县志》）

　　无论是桃符还是爆竹、庭燎，在今天，它们都脱离了其原始意义，成了红红火火过年的标志。

三　团圆守岁

　　除夕是个除旧布新的日子，所以人情世故的风俗也就格外地多一些。不仅涉及人间，也涉及鬼、神，那就是祭祖和祭神。

敬神是整个腊月里经常性的活动，各种各样的神们都在这时登台露脸，享受人们的香火、供品。除夕，则俨然是诸神的大聚会，人间自然要设供祭祀。不同寻常的是，此时所供是所有的神明，神像是百神聚会图；供品也是远远超过平常的全供；有的人家还设置专门的"天地桌"，甚至搭"天地棚"（也叫"神棚"）。《燕京岁时记》中的寥寥数语，把清代北京此俗写得颇为详尽：

> 每届除夕，列长案于中庭，供以百分。百分者，乃诸天神圣之全图也。百分之前，陈设蜜供一层。苹果、干果、馒头、素菜、年糕各一层，谓之"全供"。供上签以通草八仙，及石榴元宝等，谓之供佛花。及接神时，将百分焚化，接递烧香，至灯节而止，谓之"天地桌"。

岁暮祭祖是信仰生活中的重要内容。打从十月初一起，这种活动就没有间断过；进入腊月，人与鬼的交往更加频繁，就像年前年后亲戚朋友间的交往变得频繁起来一样。除夕更是集大成之夜，团年的不仅包括在世的家人，也包括故去的先人。这一天，对祖先的供品比家人的饭食还要丰盛、还要好。整个春节期间，人们、尤其是那些亲人新近故去的人家，都要每饭必供，或者"泼散"，以享祀先人。

当然，年节期间人们对鬼、对神的种种作为都不过是人间俗情的反映、人际关系的映现，此时编织得最绵密的关系网络无疑是人际关系，并且由于乡土社会的局限，主要的是亲朋、邻里、家人间的关系，尤其是后者。除夕的礼俗活动大多局限在家庭范围内，淋漓尽致地表现了这一方面的世俗人情。

众所周知，中秋节是我们中国的团圆节，但中

吃年夜饭

227

秋并不是一个比较闲在的时节，出门在外的家人未必能回家与亲人团圆。春节则不同，无论从时节和工作安排来说，它都给人们提供了回家团圆的条件，民情风俗更是鼓动了回家团圆的强烈愿望，所以四面八方的人们，就都兴冲冲地回家过年，去吃那顿意味悠长的年夜饭，去与家人守岁……

年夜饭也叫团年饭，是一年里阖家团坐吃的最后一顿饭。这饭要吃些什么，并无一定之规，总不外鸡鸭鱼肉、山珍海味。不过，好多地方要吃饺子。有人甚至说饺子之名，就是因除夕交子时食用而得名的。各地吃除夕饺子时还有一些讲究，要讨些口彩。比如在饺子里包点碎银子或铜钱（今天当然换成了钢镚儿），俗称抢金、抢银，俗说吃到的人新年必有好运。又如煮饺子时也下少许面条，捞出来一起吃，俗称"金丝穿元宝"，当然也是祝颂多财好运的意思。

守岁是从吃过年夜饭以后开始的，也叫坐年、熬年，其实就是家人团坐，或嬉笑玩耍，或款言细语，静待旧岁去、新岁来。早在唐代时，这种习俗就颇为流行，许多诗人都歌咏了这种习俗，唐太宗李世民的《守岁》诗便留下了"共欢新故岁，迎送一宵中"的名句。宋代的孟元老和周密都谈到了守岁的习俗，孟氏《东京梦华录》说："至除日，……士庶之家，围炉团坐，达

除夕守岁

守岁

旦不寐，谓之守岁。"周氏《武林旧事》说："至除夕，……小儿子女终夕博戏不寐，谓之守岁。"

守岁的意义，最初肯定是和除夕的其他厌胜活动相关的，具有原始信仰的色彩。现在的守岁虽然不乏民俗信仰的色彩，但这色彩要明快、柔和得多。有人说守岁有珍惜光阴的意义，明沈榜《宛署杂记》说："宛俗除夕，聚坐达旦，有古惜阴之意"；有人说是为来年精神旺健，俗说熬过年的人一年内不乏不困，劳作有劲，否则一年都"走魂"；最具有人情味的说法是为长辈添寿，宋代金盈之的《醉翁谈录》就说："除夜，京师民庶之家，痴儿骏女，多达旦不寐。俗谚：'守冬爷长命，守岁娘长命'。"

守岁之时，晚辈们要向长辈行礼，叫辞岁；长辈们则要分给孩子们压岁钱。压岁钱也叫"押岁钱"，"押"、"压"相通；一些地方也叫代岁钱、带岁钱、岁岁钱。

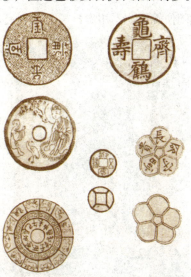

压岁钱种种

本来，压岁钱是用来厌胜驱邪、帮助孩子过年的，民间认为小孩子魂魄不全，才有此举。清人钱沃臣《压岁钱诗》自注说："俗以五色线穿青钱排结花样，赍儿童压胜，曰压岁钱。"而在古代也确实有厌胜钱存在过。那是一种小儿佩戴的品物，形似钱币，上面有文字或肖形、图绘，是用来压伏邪魔的。不过，后世的压岁钱则多是亲情爱意的表示，现代的压岁钱更是如此。

四　年节俗信

年节期间有许多俗信，民间很是讲究的。这些俗信反映了人们祈求吉祥幸福的美好愿望，不能简单地以迷信视之。

"有钱没钱，回家过年。"这是说，出外的家人，无论如何都要赶回家里过年。这反映了亲人团圆的愿望，也是民俗对晚辈孝敬老人的要求。

"有钱没钱，剃头过年。"年节是个除旧布新的节日，节日之前的扫房子、贴窗花乃至贴春联等，无不具有这样的意义。剃头，还包括洗浴、换新衣，落实到个人，就是要以新的面貌迎接新的一年的到来。

洗福禄。传统乡里社会洗浴不易，但过年一定要洗，民间以为这一洗就可以洗出福禄来。至于时间，有说在二十六的，有说在二十七的；在哪一天并不要紧，民谚所谓"二十六，洗福禄"，"二十七，洗啾唧"，都好。

赶乱岁。传统婚嫁有比较严格的时间选择，但在腊月二十三之后，可以随便嫁娶，不用看日子，这叫赶乱岁，也叫乱娶、赶闰岁等。这段时间之所

以不用择日子，有的说是因为二十三祭灶后诸神都回天宫了，没什么可以禁忌的；有说这个时节嫁娶，目的是"应春气"，因为春天是生长繁殖的季节；而更为根本的原因，则在于传统的早婚早育、"早生儿早得计"的观念，以及把婚嫁喜事与年节结合

除尘。潍坊年画

福倒贴

起来在时间、人力、物力安排上的实际考虑——农闲时节，家人可以操持喜事，亲戚朋友们也有时间来贺喜，喜事的一应备办又可以与年节结合起来，省时、省力、省钱……

福倒贴。过年要贴春联，还要贴窗花、贴福字。民间认为福字要倒贴，以表示"福到了"。尤其是在那些犄角旮旯——比如墙壁与顶棚间的四个角，更要倒贴福字，表示这些地方也有福气来到，那么整个家里就充满了福气。春联也要贴遍院里的每个地方，比如牛羊圈、车棚等；其他农具、用具上也要贴单条的帖子，比如米瓮上贴"米面如山"，车辕上贴"日行千里"，等等。

灯长明。除夕，无论有人住还是没人住的房间，都要点灯，而且要长明至晓。这种习俗显然与古时的燎岁有关，民间的解释也是长明灯使四处透亮，鬼魅无可躲藏，家人可获平安，家道可致昌旺——在今天，它或许还有"夜景照明"的功用。